猟師になりたい！3

晴れた日は鴨を撃ちに

北尾トロ

イラスト　日高トモキチ

まえがき

鹿やイノシシの食害が社会問題となっている現在、狩猟をする人の中で、大物猟に適さない空気銃を使った鳥撃ち専門の人などほんの一握りだろう。本書はそんなマイナーな猟師であるぼくが、空気銃をかついで溜め池や川をめぐった、狩猟免許取得後3～5シーズン目のレポート。『猟師になりたい！』『山の近くで愉快にくらす～猟師になりたい！2』に続く猟師シリーズの第3弾である。

3冊めともなれば、より実践的かつハイレベルな内容に進化しているだろうと考える人がいるかも知れない。鴨やキジをバンバン獲りまくる姿を読めるのでは、と予想する人には、ここではっきり申し上げておきたい。

そんなの無理っす。

ぼくは相変わらずだ。劇的な変化などなく、いつもの調子で猟を楽しみ、失敗し、泣き笑いしながら猟期をすごしている。でも、いまの暮らしにもうひとつ何かつけ加えたい、体験したことのないことをしてみたいという人には参考になることがあるかもしれない。

じつは、このぼくがそうだったのだ。だから、この本は松本へ移住したばかりの、ぼんやりした不安に包まれていた自分みたいな人に向けて書いてみようと思った。

やってみたら、5年後にはこうなるんだよ、と。

Contents

北尾トロ

2012年8月に東京から松本へ移住し2013年狩猟免許取得。空気銃で鳥を狙う。新たな趣味を楽しんでいるが、やる気と猟果の釣り合いが取れてないのが玉にキズ。最近はツマと娘からも猟果を期待されていない!?

宮澤幸男

北尾の鳥撃ち師匠にして長野市のラーメン店『八珍』のマスター。キャリア40年超で、シーズン中はほぼ毎日、開店前に出猟する。

小島敏文

大物猟とヤマドリ猟を愛す狩猟歴40年に迫るベテラン猟師。口は悪いが根は優しい。村っちの師匠でもある。

小堀ダイスケ

大物猟をメインに1年中猟をしている狩猟ライター。モデルガンやナイフの収集マニア。栃木県在住。

小林昌和

松本のフレンチレストラン『レストロリン』のオーナーシェフ。狩猟歴3年目。空気銃で鴨やキジバトを獲る。

原尻政敏

なかなか獲れない北尾を励ましてくれる上田市在住の先輩猟師。キャリア20年超で大物・鳥撃ちいずれもこなす。

村っち

地域おこし協力隊員として2017年に長野市に移住。小島さんの指導を受けるも覚えがわるくスーパースロー(SS)のアダ名で呼ばれている。

コーイチさん

宮澤師匠に学び、里山を軽トラで走り回るキジ撃ち一筋のハンター。鴨はめったに当たらない。

鈴木幸成(スーさん)

『狩猟生活』編集長。狩猟免許は持たず、現場へはカメラを持って現れる。

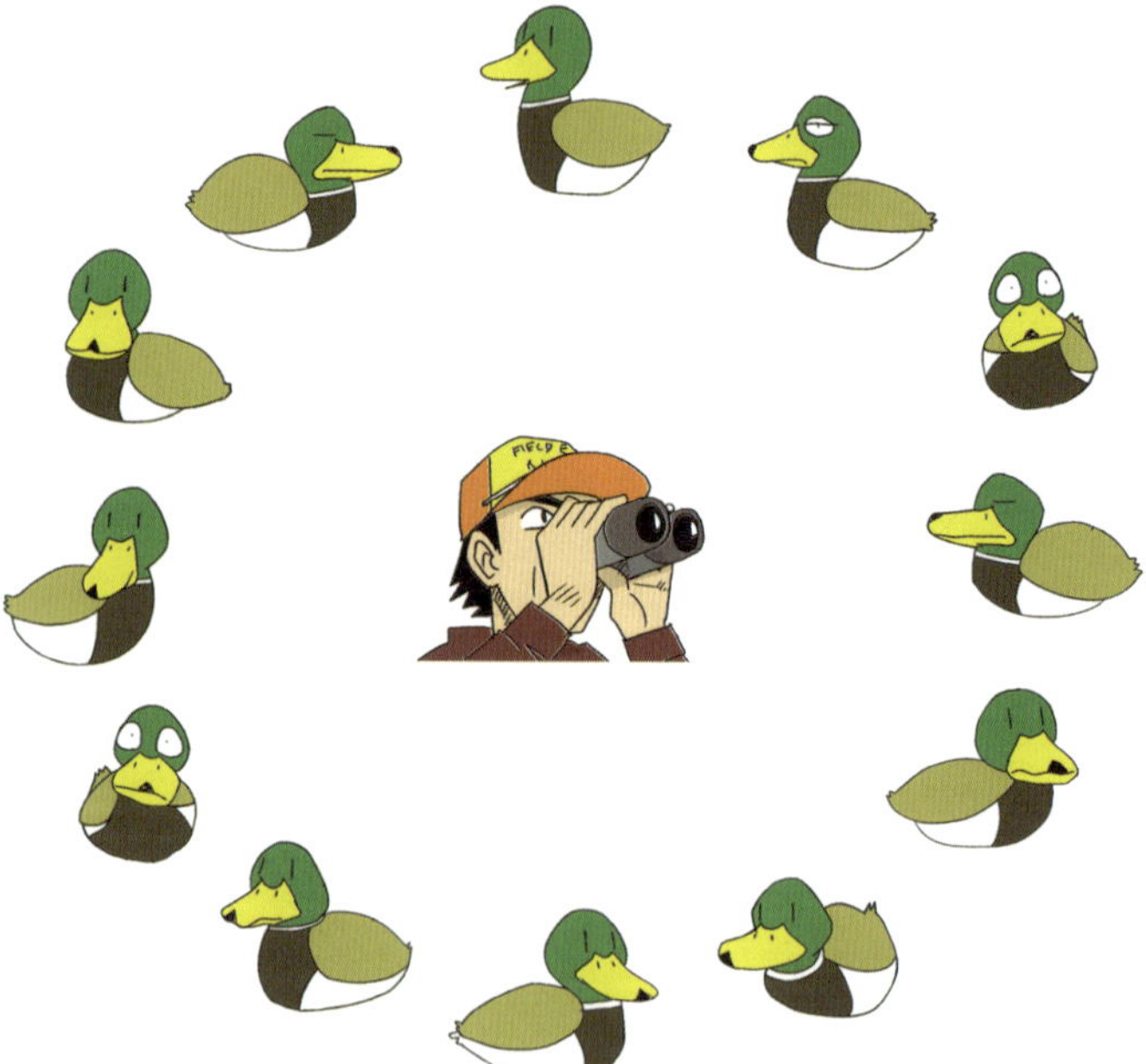

第1章

猟師引退寸前の4シーズン目と、ぼくが散弾銃を持たないと決めるまで

1 ラストシーズンになるかもしれない

２０１６年11月15日の早朝５時、ぼくは長野県松本市の自宅から、師匠の宮澤幸男さんと待ち合わせした長野市郊外の道の駅に向かってクルマを走らせていた。２０１３年に狩猟免許を取得したから今期で４シーズン目。出猟にも慣れてきたが、狩猟解禁日のワクワク感だけは別格だ。

しかし、今シーズンの初日は「解禁日だ、ヤッホー」だけではなく、胸を締め付けられるような緊張感が同時にあった。「もし、今シーズン１羽も獲れなかったら…」と考えてしまうからだ。

長野県の狩猟シーズンは11月15日から2月15日までの３カ月。出猟できるのが10日前後だとして、１日に2度のチャンスがあれば計20回になる。そのチャンスを一度もモノにできないとしたら、ツキがないでは済まされない。明らかに腕が悪いのだ。初心者のうちは経験不足を言い訳にできたけれど、その段階はすぎている。かすりもしない状況が続くなら、素質のなさを認めざるを得ない。

もともと猟師に憧れて狩猟免許を取ったのではない。２０１２年の夏、ツマと娘の一家

3人で東京から松本へ移住し、ここでなければできないことを始めようと考えたのがきっかけだ。そこには、新しい趣味を持ちたい気持ちに加え、鹿やイノシシによる山・農地の被害を体験的に取材できるのではないかというライターとしての目論見があった。

初年度0羽だったが、2年目にバンという鳥を仕留めて、命を獲るとはどういうことかを実感した。フィールドに出ることによって狩猟の魅力もわかってきたし、鹿やイノシシを相手にする大物猟を手伝った経験やベテラン猟師の取材によって、被害の実情や狩猟界の高齢化を知ることもできた。猟果が乏しいことを除けば、とても充実した2シーズンだったと言えるだろう。

最初のシーズンは、狩猟が好きになっただけで満足だった。出猟するたびに驚きや発見があり、すべてが新しかった。2年目になるとフィールドでの動き方が少しわかってきて、猟の難しさと奥深さが理解できるようになってくる。しかも、わずか1羽だったが獲物を仕留めることまでできた。

でも、同時に自分の未熟さも痛感した。空気銃を使って鳥撃ちをするのだが、気配を悟られないように接近する技術がない。チャンスが訪れても、もたもたしているうちに逃げられる。やっと撃ってもさっぱり当たらない。的中した1発を除けば、失敗の連続だった。

それ以上に悪いのは、当たらないことに悔しさを感じなくなっていくことだ。撃つ前から、きっと外すだろうと思ってしまう。やっぱり外れたか。ま、そうだろう。だって撃ったのがぼくだもんな、と。弱気は禁物と思っても、当たらないことの言い訳を、撃つ前からしているのだ。

これでは、いくら狩猟が好きといったところで説得力がない。ヘタはヘタなりに進化ってもんが欲しい。いつまでも、参加することに意義があるではダメなのだ。結果を出し、狩猟の醍醐味を味わいたい。いや、ぜひとも味わわねばならない事情がぼくにはあった。なぜか。少し長くなるが、4シーズン目を迎えた当時の気持ちを記しておこう。

じつは、3シーズン目の2015~2016年、ぼくはほとんど出猟しなかったのである。病気になった老猫の介護で、それどころではなかったのだ。

我が家には2匹の猫がいて、そのうちの1匹が長い闘病生活の末、夏に息を引き取った。悲しかったが覚悟はできていて、安らかに旅立つことができて安心する気持ちもあり、ショックは小さかった。

ところが、秋になると残ったメス猫まで体調が悪くなり、病気と診断されたのには参った。医者によれば、治る見込みはないという。ならばせめて、無理な延命治療をせず、最後の日々を穏やかに過ごさせてやりたいというのが家族の気持ちである。

ラストシーズンになるかもしれない。

狩猟シーズンを迎え、初日の猟に出かけたとき、ぼくは自分の心境の変化に驚いた。銃を構えて狙いを定めて撃つ瞬間、「外れろ」と思ってしまったのだ。ここで使う運があるなら猫に使いたい。殺生してしまったら、その分猫の寿命が短くなるのではないか。そんなふうに考えたのだと思う。猫が1日でも長く生きますようにと願いながら鳥の命を獲ろうとするなんてムシが良すぎるじゃないか。

ぼくは3シーズン目をあきらめて、看病に専念することにした。猫は一進一退を繰り返しつつ、確実に弱っていく。そして1月初旬、18年近い生涯を終えた。できることはしたつもりだから悔いはない。だけど猟をする気にはどうしてもなれなかった。

気づいたこともあった。冬は狩猟だぜと思っていたけれど、この3年間で松本に知人も増えたぼくは、以前のように〝することがなくて途方に暮れる〟ことがなくなっているのだ。

狩猟をやめるなら、いまが絶好のタイミングだぞ。モチベーションが下がっているのに無理して続けたってしょうがない。どうせ才能なさそうだし、中途半端な気持ちで出猟して事故でも起こしたら元も子もないぞと、心の声が聞こえてくる。

…いやいや、ぼくにもメンツってものがある。

そうかな。師匠や先輩猟師から「あいつ、逃げやがった」と思われたって、本を読んでくれた読者から呆れられたっていいじゃないか。だいたい欲張りなんだよ。松本の生活を充実させたいし趣味も持ちたい。地元のネットワークを広げ、ライターとして新しい分野を開拓したい。その割に、シーズン中10日間程度しか出猟しないのはどうなんだ。狩猟が好きと言いつつ、そこまでハマってないのでは。40年以上のキャリアがあっても、いまだに熱中している師匠を見ろ。あれでこそ本物だ…。

ぐうの音も出ない気分になる。家族はぼくが銃を所有し、猟をすることを許してくれているが、大賛成というわけではない。空気銃とはいえ、家に銃があるのは気持ちのいいものではないだろう。しかも持ち主のぼくは、待てど暮らせど鳥を獲れない猟師ときている。

初期には喜ばれたジビエ肉も、それが当たり前になるとありがたみが薄れてしまい、ツマからは「冷凍庫がいっぱいだから、今日はもらってこないでね」と言われる始末。この頃は娘からも冷たくされている。理由はこうだ。

「だって、今日はどうだったと尋ねると、お父さんがしょんぼりした顔で『ダメだった』って答えるから可哀想なんだもん」

こんな感じだから、僕が猟をやめると告げたときのリアクションは容易に想像できる。

ツマ「うんうん、けっこうがんばったと思うよ」

娘「いいけど、ときどき宮澤さんからヤマドリをもらってきてね」

うーん、これでいいのか！

いいんだろう。少なくとも、ぼくが狩猟をやめても家族はまったく困らない。春がくる頃、家族同然だった猫がいなくなって落ち込み気味だったぼくは、潮時かもしれないと考えるようになっていた。師匠が経営するラーメン屋『八珍』に行って話していても、なかなか〝その気〟になれないのだ。

待てよ、と思い直したのは夏の日差しが降り注ぐようになってからだろうか。いくらなんでも、このまま終わるのは情けない気がしてきた。

あと1シーズン粘ってみるのだ。それでもダメなら潔くやめよう。

師匠をはじめ、ぼくの周囲の猟師たちは心優しい人ばかり。さんざん世話にもなっているし、急に引退表明したら、そんなこと言うなと励まされるだろう。そうなったら決心がぐらつきそうだ。そこで、つぎのシーズン猟果なしならやめるとラジオ番組で公約し、プレッシャーのかかる状況を自分で作ったのである。そのため、狩猟解禁日だというのに、どこか追い込まれた気分で出猟することになってしまったのだった。

待ち合わせ場所に到着。師匠の軽トラに同乗し、日の出までの時間を利用して獲物を探す。この時期、渡り鳥のマガモはまだ少ないため、ターゲットはカルガモだ。狩猟者に有利な点は、シーズン初めなので鴨が狙われることに慣れておらず、比較的警戒心が緩《ゆる》いことだ。また、池に氷が張る12月半ばまでは、回収の難しい川ではなく、山間に点在する溜め池にいる鴨を撃つことができる。

が、そっと近づいて確認しても、なかなか鴨が発見できない。

「絶対いるんだけどなあ。どこに集まっているんだろう。もう少し回ってみるか」

師匠が珍しく焦り気味なのは、今日が解禁日だからだ。普段、大物猟ばかりしている猟師も、この日は仲間が集まって鴨撃ちをするのが、このあたりでは恒例になっている。雪が降る前は鹿やイノシシの足跡を発見しにくいこともあるが、もともと長野県北部は鳥撃ちがメイン。最近でこそいたるところに出没するようになったが、数十年前までは鹿やイノシシの姿を見ることさえめったになかったのだ。

1発でも撃てば、池にいる鴨は飛び立つ。一斉に撃てば、あたりの溜め池にいる鴨まで飛び去りかねない。ライバル多数の初日は先手必勝なのである。

なんとかカルガモを発見して作戦会議。師匠とのコンビ撃ちでは、空気銃のぼくが先に撃ち、飛び立ったところを師匠が散弾銃で仕留めることを考えて配置につく。ぼくにしてみれば、外したとしても師匠が撃ち落とす確率が高いので、気楽に撃てるのだ。

しかし、それには条件がある。獲物に悟られずに射程距離内に接近できない場合には、射撃を師匠に任せ、ぼくは偵察と脅かし役になるのである。池が狭く、手前に畑、背後に森という地形なら、ほぼ確実に畑の方に飛んでくるので的中率が上がり、周囲に畑が広がっている池なら読んだコースと逆方向に飛び去られることも多い。だから、狩猟者に有利な池から順に回っていくのが鉄則となる。

池にいるカルガモは4羽。いったん後方に飛んでから旋回してくると読み、師匠がポジションを決めたところで、ぼくが撃った。距離が遠くて手前に着弾。鴨は飛んだが逆方向だった。

「仕方がないね。つぎ行きましょう」

こんな調子で巡回し、いたら撃つのを繰り返すのだ。

「このあたりはキジも多いんですよ。何年前だったかなあ、ちょうどここを曲がったあたりで撃ったことありますよ。その上のところ…あ、いた!」

いったんやり過ごしてクルマを降り、すばやく銃を持って移動する。畑の中にいるので隠れて空気銃で狙える場所はなく、師匠が散弾銃で仕留めた。シーズン最初の獲物がキジなら上々だと喜んでいると、通りかかった車が停《と》まり、若い男性が駆け寄ってきた。新聞記者だという。狩猟が盛んな長野県では解禁日の朝、違反を監視する警察の見回りや新聞記者の取材が行われるのだ。

というわけで、キジを手にした師匠の写真が紙面を飾ることになったのだが、鴨に関してはあまり出会えず、不発に終わってしまった。ぼくに至っては、最初に1発撃っただけで、以後は銃を構えることさえなかった。それはいいとしても、心配なのは鴨が少ないことである。

ぼくに必要なのは、有利なポジションで撃つ回数を増やすこと。そのためには、鴨のいるところをたくさん知っていたい。少ないとアセリが生じ、ぜひとも撃たなければと考えてしまう。ただでさえヘタなのに、難しい場所から強引に発砲したら、飛び去った鴨は警戒し、当分の間戻ってこないのだ。

この理屈、頭ではわかっていても、現場では忘れがちになる。鴨がちょこちょこ動いていても撃たないと損するような気がして、辛抱できずに引き金に手をかけてしまうのは、ぼくの失敗パターンのひとつ。他には撃ち下ろしなど高低差のあるときに感覚だけを頼りに撃ってしまったり、スコープ合わせに手間取るうちに気づかれて慌て、引き金を強く引いて銃身が動く、などがある。ヘタな人間が当てるためには、銃を台替わりになるものや木の枝などで固定させてブレを防ぎ、適切な距離からじっくり狙うしかないのに…。

2 ▼▼ 歓喜の青首ゲットで引退の危機を脱出！

その後2回の出猟ではチャンスに恵まれず、発砲することすらままならない。チャレンジしたときも、撃つ寸前に動かれたり、手元がブレてしまった。といって、しょげかえっていたわけじゃない。アシスト役を手堅くこなすと、師匠がきっちり撃ち落としてくれるからだ。まだシーズン序盤。先シーズンほとんど撃っていない身としては、実戦のカンを磨くのが先決だ。

そう思っていた矢先、猟場をチェックするつもりで単独猟に出たら、犀川でコガモの群れに遭遇できた。10羽ほどが岸の近くに浮かんでいたのだ。撃ち下ろしで距離は約20メートル。50メートルの距離で合わせたスコープの中心を狙ったのでは、ターゲットのかなり上に弾が飛ぶのでよく考えなければならないが、無警戒だし、木の枝に銃を固定できる場所だからブレずに撃てる。イケるかもしれない。

ゆっくり狙った。距離が近いのでスコープ内の獲物が大きく見える。これは当たってもおかしくない。いや当たる、当たれと念じて撃つ。

バスッ。あれ、外れたばかりか水しぶきすら上がらない。予想よりはるか上に弾が飛んだようだ。あまりにも大きく外れたので、群れの半分は飛ばずに残っている。よし、もう一丁だ。さっきより銃身を下に向けて撃つ。水しぶきが上がり、今度は手前に着弾。残っていたコガモが一斉に逃げ出した。

ああ、これほど慎重に撃ってもダメなのか。

思わず吐息を漏らし、そのまま地面に寝そべった。不的中は仕方がないとしても、外し方が絶望的に悪い。こんな調子で、鴨が獲れる日などくるのだろうか。いま以上のチャンスが今シーズン、あと何回訪れるだろう。最大でも5回、少なければ2回くらいだろうか。もし、全部しくじったら…。

引退という言葉がにわかに現実味を帯びてきた。

12月に入っても調子は上がらない。溜め池が凍るまでには獲れると踏んでいたが、暖冬のためか渡り鳥が増えてこないのだ。犀川のコガモもめっきり岸に寄り付かなくなった。

先輩猟師の原尻政敏さんから電話があったのは、気もそぞろになりながら、東京に向かう特急あずさに乗っているときだった。

「鴨がどっさりいるところを案内するから、一度こっちへおいでよ」

原尻さんは上田市在住なので、ぼくとは猟場が違う。聞けば、千曲川の支流や溜め池に鴨がいるらしい。

「宮澤さんにも声を掛けて『八珍』の定休日に1日たっぷりやろう。トロさんに獲らせないとオレも落ち着かないからさ」

ぼくの不調を聞きつけ、心配してくれているのだ。深刻にならないように気をつけて、師匠に引退話をしたつもりだったが、一緒に猟をしていれば冗談じゃないことが丸わかりなのだろう。

原尻さんの友人も加わり、4人で出猟。まずは大きな池に向かった。いる。マガモ、カルガモ、コガモが思い思いの場所に固まっている。ただし、たくさんいても空気銃で狙えるのは1羽、1発のみ。撃てばみんな飛び立ってしまうだろう。

「トロさん、今日は絶対獲れる。他にも場所はあるし、外れても気にしないでいいから」

池の周囲に家屋はないものの、付近を道路が通っている。銃を手にしたオヤジにドライバーが驚いてもいけないというので、ぼくひとりで狙うことになった。ありがたいことだが、3人の視線を背中に感じ、動きがギクシャクしてしまうのが小心者の悲しさ。しかも、ここだと思って陣取った場所から鳥を見ると逆光気味でスコープが覗《のぞ》きにくい。迷った末、銃をおろした。弱気かなあ。

「それでいいよ。なんだったら午後にでもまた来ればいいんだから」

師匠に言われ、つぎの場所へ移動。ここでは鴨たちに高く飛ばれてしまい、全員タイミングが遅れて的中ならずだった。その後数カ所回ってから食事休憩。３人は自分たちの猟果より、いかにしてぼくに当てさせるかを相談している。せっかく狩猟を始めた仲間を、脱落させせず、来シーズン以降も一緒に遊ぶためには、どの場所からどう狙うのがベストかを話し合っているのだ。

「青首（雄のマガモ）がよくいるところに行ってみましょう。トロさんくるからオレはしばらく撃ってないし、他の猟師も行かない場所。もしいれば、撃ちやすいと思う」

原尻さん秘蔵の場所は、畑と林に囲まれた千曲川の支流。川幅は20メートルほどだが、河原が広くて土手もある。手前側に鳥がいれば距離50メートルほどで絶好だ。

偵察に行った原尻さんが口パクで「いる」と言い、忍び足で戻ってきた。

「青首いるよ。どっちかというと向こう側で、距離はあるけど狙える」

師匠が双眼鏡片手に土手に登り、狙いやすい方向を考えてくれた。

銃を持ち、ぼくも土手に登る。さあ、勝負だ。

「ちょっと遠いかなあ。70メートルあるかもしれない。少し上を撃たないとね」

ぼくのスコープは左右はだいたい合っていて、距離を問わず真っ直ぐ飛ぶ。問題は高さだ。50メートルでスコープの中心を射抜くということは、70メートルになると空気抵抗で弾がタレ、中心より下に当たることになるのだ。

「思い切って上を狙うほうがいい。頭の上10センチとか、そのあたりを狙ってみたら？」

師匠のアドバイスを受け、腹ばいになってスコープを覗く。幸い、鳥たちには気づかれていないようだ。凹凸の少ない場所を見つけ、小ぶりの箱を置いて銃身を乗せる。手で支える必要がないので、ゆっくりスコープを覗いていてもブレがこない。姿勢もラクだし呼吸の乱れも完全に収まった。

手前にいるメスのマガモは無視し、ターゲットを青首に絞った。どうせ狙うなら鴨の最高峰に決まっている。

青首はときどき首を傾げたり、カラダの向きを微妙に変えるが、位置はずっと同じだ。流れが緩《ゆる》くて居心地が良いに違いない。であれば、いずれ正面を向くときがあるだろう。首を狙うが、思ったよりタレた場合、胸に当たるかもしれない。

こっちを向いた。動きが止まった。銃口を上げ、スコープの中心を頭の上に持ってきてから、引き金に差し込んだ指をスッと引く。次の瞬間、スコープの中で青首がピクッと動いたように感じた。

「当たってるんじゃないか。急所に入ったみたいだ」

当たった？　いた場所から動かないのは、仕留めたということなのか。

スコープの中で
青首がピクッと動いたように感じた。
tomokichi

「すげぇ。70メートルを1発。首か胸でしょう。いいとこ入ったんだわ。さてと回収だ。向こう岸から下りていけば大丈夫かな。オレ、行ってくるわ」

原尻さんの笑い声が遠くなり、エンジン音がブルンと聞こえた。当然ぼくが行くべきところだが、喜びのあまり腰が抜けたようになり、どうにも動けない。

「よし、原尻が無事回収。我々も向こう岸に行こう」

双眼鏡を覗いていた師匠にうながされ、軽トラに乗る。現実感が出てきて、ぼくは車内で何度も礼を言い、「やった、やった」と叫んでいた。それ以上に大騒ぎだったのが原尻さんと師匠である。握手を求めるわ、記念写真を撮るわ、まるで我が事のように喜んでくれたのだ。

「おめでとう。空気銃で70メートルを一撃なんて凄いよ。首に当たったってことは高さがジャストだった証拠。サイズも大きいし、自慢できるよ」

今期初の獲物。生まれて初めての青首。何よりも、狩猟を引退しなくて良くなったことが嬉しい。正しく狙い、読みが当たれば、弾は的中するのだ。

3 最終日に決まった本当のコンビ撃ち

成功体験は人を変える。青首を獲ったことで、当たると信じて撃つことができるようになってきた。

当たると信じるためには根拠が必要だ。構え（態勢）がいい、銃身が安定していてブレない、獲物までの距離が把握できている（スコープ合わせを的確に行える）、撃つ瞬間に余計な力が加わらないといった条件を満たさないと、「もらった！」と思うことができないからだ。

上手い猟師は短時間でその条件を満たすことができ、ぼくのように下手な猟師は時間がかかる。グズグズしているうちに、良かったはずの構えが乱れ、手が疲れてブレ始め、距離が合っていない気がしてスコープの位置を動かしたりと、ますますドツボにはまってしまう。そうこうしているうちに、気配を察知した鳥が動き出せば気分は動転。軽いタッチで行うべきところを、指先に力を込めて引き金を操作してしまう。

上達するには、なんといっても場数を踏むことである。出猟したとき、折を見て目標物をスコープで正確に捉える練習をするのもいい。そう思って、師匠と別れた後でひとり猟に行き、撃つ態勢を整える練習をしたりした。何度もやっていると上達したように感じるのだが、日を開けて出猟すると元に戻っているのは技術が身についてない証拠。何度も繰り返しながら少しずつレベルを上げていくしかないのだろう。

では、技術が進歩したわけでもないぼくは、何が変わったのか。答えはシンプル。自信を持てるタイミングまで撃たなくなったのだ。

ひょっとすると当たるかも→絶対撃たない、少しブレ気味だが撃ってしまえ→ぐっとガマン、スコープのピントがジャストではないが調整するのが面倒→調整し直す、呼吸が整わない→落ち着くまで撃たない、ターゲットが動いている→待機する。明らかに、以前より辛抱できるようになってきた。

ただ、そうなると必然的に発砲の回数が減る。距離感を養うため、遠いと思うときでも積極的に撃つようにしたが（弾の着水地点で外した理由がわかる）、条件が整わなければ撃たないのだから回数など知れている。そのため、出猟しても1、2発、ときにはゼロ発で帰ってくることが多くなった。経験値は上げたいけれど、下手な撃ち方をしてますます混迷に陥ることは避けたい。

では、ときどき訪れる自信満々の射撃はどうなのか。これがまた外れてしまうのだ。師匠からは、引き金を引くときに余計な力が入り、銃口が微妙に動いてしまうのだろうと指摘された。最後の最後で力を抜き、スッと撃つ。これができそうで、うまくできない。しかし、ぼくには予感があった。外した原因を見極め、修正していけば、学習能力の低い自分でも当たる日は近い。

心の支えとなったのは、青首を仕留めたときのパーフェクトな射撃である。あれができて、他が当たらないわけがないのだ。だから、これまでのように自信を喪失することもなかった。

正月休みを東京の親戚宅で過ごし、松本に戻ると仕事に追われる日々。気づけば2月に入り、猟期も残すところ半月になった。出猟の機会はせいぜい2回だろう。今期中にもう一度、会心の猟をするにはどうしたらいいか。

まずトライしたのはひとり猟。気が済むまで猟場を回り、周囲を気にすることなくじっくり獲物を狙ってみようと思った。ひとりで回収まですべてこなさなければならないため、川幅が広く流れの早い犀川は不向きと判断し、支流の土尻川を巡回すること3時間、絶好のチャンスが到来した。マガモを2羽発見したのだ。オスとメスのつがいである。

雪に覆われた土手を匍匐《ほふく》前進して好位置を陣取る。距離は20メートルくらいか。スコープの中心より少し下を狙うことになる。腹ばいで銃を構え、石の上に銃口を乗せて安定させた。鴨たちはせわしなく動き、ときどき水中に首を突っ込んでいるが、位置は動かない。水の流れが緩《ゆる》やかで居心地がいいのだ。ならば動きが止まるまで待つのみ。オスの青首に的を絞り、スコープを覗《のぞ》き続ける。

この距離だとスコープの中の鳥は大きく見える。首の下あたりを狙えば、上にズレても頭部に的中できるだろう。ということは、スコープの中心を胸の位置に持っていけば…。

青首はときどき静止するものの、撃とうとするとまた首を動かす。先シーズンならじれて撃っているところだが、そうはいくものか。

そうしたら、何がいけなかったのか、急にバタバタと飛び立ってしまったのである。おそらく気配を悟られたのだ。ぼくが息を殺していたのは1分かそこらだと思うが、野生動物を相手にするには長すぎたということだろう。

家に帰ってスケジュールを確認する。出猟できるのは、毎年予定を入れないようにしている狩猟期間最終日だけだ。師匠に連絡し、『八珍』開店までの数時間、付き合ってもらうことにした。

いつもの場所で待ち合わせ、犀川から見ていく。鴨の姿はポツポツあるが、回収困難な場所にいるため手を出しづらい。数カ所回って断念し、今度は土尻川をさかのぼって獲物を探す。

ゆっくりクルマを走らせていると、カルガモらしき姿がちらっと見えた。静かに停車し、エンジンを切る。

「1羽かな。もしかしたら何羽かいるかもしれない。ここはトロさんが見つけたんだし、任せますから狙ってみてください」

散弾銃を手にした師匠に言われ、撃つ場所を考える。川のそばに小さな小屋があり、その陰から狙うのが最善策だろう。気づかれずに小屋まで行ければ、銃を固定させて撃つことができそうだ。

「ぼくは小屋から狙います」

それだけで意図は伝わり、師匠は飛び立った獲物を仕留めるべく逆方向に歩いていく。警戒されないように大きく迂回して小屋に近づいた。そうっと覗き込むと1羽ではなく7羽もいる。道路からでは死角になって見えなかったのだ。しかも、距離30メートル弱と絶好。最後の最後に、コンビ撃ちを決めるチャンスが巡ってきた。

これまで、ぼくが外して師匠が撃ち落とすパターンは何度もあったが、ふたりが同時に仕留めたことはない。ここはぜひとも決めてみたい。

そっと銃口を屋根に置き、スコープを覗く。ラッキーなことに、高さがバッチリ合っていて、ほとんど上下させずに獲物の姿が捉えられた。高低差もほとんどない。距離も30メートルなら誤差がほぼないので、スコープの真ん中狙いでOKだ。

カルガモはあまり動かず、のんびり水に浮かんでいる。中の1羽が正面を向いていた。息を止め、引き金に手をかける。静止したところで発射した。

パスッ。

スコープの中で、カルガモが態勢を崩したのがはっきりわかった。すぐに立ち上がり、師匠の待つ方向に飛ぶように仕向けると、群れは一目散に高みを目指して羽ばたいた。

ズン、ズンと銃声2発。撃ち落とされたカルガモが落下するのが見える。やった、作戦成功だ。

ぼくが撃ったカルガモは水の中にいた。浅い場所なので、長靴のまま川に入って素手で抱きかかえる。弾は首の少し下に命中していた。高く掲げて師匠に見せると、銃を上下させて〝おめでとう〟のサインが返ってくる。

さあ、ゆっくりはしていられない。師匠が仕留めた獲物を回収しなければ。

「ふたつ落ちたはず。ひとつはそこの、ほらいた」

見ると、1羽が岩にひっかかっていたので、タモ網ですくい上げた。もう1羽も無事に回収し、計3羽の大収穫。。

「あんなにいたとは驚きだね。でも、よく当てました。何羽もいると、見張り役の鴨に気

銃を上下させて
〝おめでとう〟のサインが返ってくる。
tomokichi

づかれることが多いんだ。1羽がそわそわすると、すぐ全体に伝わって逃げられる。近づき方が良かったんだね。撃つまで無警戒だったんだから上出来だよ」

青首を獲ったときとの違いは、獲物を発見してから回収するまで、ひとりで行えたことだ。青首によって引退しなくても良くなり、カルガモによって狩猟を続けていく自信が得られたと言ってもいい。それくらい、最終日の成果は大きかった。

この日はもうひとつ、ぼくの狩猟スタイルを決定づけることがあった。獲物を積んで『八珍』へ向かう車内で、師匠がこんなことを言い出したのだ。

「オレ、トロさんは空気銃のままでいいと思うけどな」

猟師デビュー以来、ぼくは空気銃を使っているが、鳥猟の主流は散弾銃である。空気銃は一度に1発しか発射できず、威力もさほど強くない。また、動いている獲物にはからきし弱く、鳥に飛び立たれたらあきらめるしかない。それに対し、散弾銃は発射後に弾が散開して広がるため、飛んでいる鳥も撃つことが可能。弾の種類もいろいろあり、大物猟でも使えるなど、空気銃より守備範囲が断然広くて人気がある。

先輩猟師たちからは事あるごとに「そろそろ散弾持てば？」と言われていたし、自分でもいずれは散弾銃に持ち替えて猟をすることになるだろうと考えていた。もちろんそこには、散弾銃のほうが的中しやすいという思いがある。

ところが、師匠は空気銃のおもしろさを極めろと言う。

「散弾銃でやりたいならそれでもいいけど、もう少し空気銃でやってからでも遅くないと思うよ。しっかり狙って撃たないと当たらない空気銃には、狩猟の原点があるもんね。今シーズン、その楽しさがわかりかけてきたでしょ。急がなくても、散弾銃に変えるのはいつでもできるしさ」

空気銃のいいところは、鳥たちとの駆け引きを堪能できること。的中させるための条件がシビアなだけに、うまくいったときの快感が大きい。師匠自身、空気銃でキジバトやヒヨドリ猟をし、その魅力を知っているだけに説得力があった。

「1羽でも多く獲りたいというなら止めないけど、そういうタイプでもないでしょう。そんなに食べられるものでもないし」

図星である。強がっていると思われそうだが、撃てば当たるような簡単なものなら狩猟など面白くもなんともない。師匠のように、商品として冬季限定の鴨ラーメンを提供するならともかく、自家消費分だけなら1シーズンに5羽も獲れれば十分だ。

「今日の猟なんて、本当にいい形だった。まだ進歩できるよ。たとえば来期はキジを狙ってみるとかね」

空気銃でキジ撃ち、難易度高そうだが。

「行ける、行ける。けっこうみんな空気銃で獲ってますよ」

だんだんその気になってきた。同時に、自分にはどうしても散弾銃を持ちたいという動機がないこともわかってくる。ぼくがしたいのは鳥撃ちだ。ひとり、もしくは少人数で気ままに猟場を巡るスタイルが性に合う。大物猟はたまに見学するにはいいけれど、全面参加するには体力的にキツイものがある。

納得した。師匠、ぼくは来期も空気銃で勝負します。

「それがいいよ。いつか散弾銃を持つにしても、それは自然にそういう気持ちになったときでいい」


こうして、ぼくは青首1羽とカルガモ1羽という上出来のシーズンを終えた。次シーズン目の開幕まで9カ月。それまでには、現場でのベストな動き方も射撃のコツも忘れてしまいそうだ。

でも、ゼロになるわけじゃない。4シーズン目に覚えたことはどこかに残り、蓄積されているはずだ。4年目にして掴《つか》んだ手応えや経験値をベースにどんな狩猟ができるのか。いまから楽しみで仕方がない。

バンでもマガモでもどんとこい。
そこはキジやヤマドリ目指しとこうよ。

第2章
へっぽこ猟師の泣き笑いダイアリー

1 シーズン開幕！

狩猟解禁日前夜は、何度も銃を構える練習をしてみたり、忘れ物はないかと点検したり、遠足前の子どものように落ち着かない。気分が乗ってくるのはスコープ調整のため射撃場を訪れた日からで、約10カ月ぶりの実射で、狩猟の感覚が蘇《よみがえ》り、いまかいまかと解禁日を待ちかねるようになる。

持っていくのは銃、弾、地図、双眼鏡、タモ網、鴨キャッチャー、ナイフ。さほどの冷え込みではないので軽装でいいが、手ぬぐいと使い捨てビニール手袋（内蔵処理するとき使う）は必需品。初日なのだから長靴も水洗いしておこう。

道具の準備を終えると『長野県鳥獣保護区等位置図』をにらみつつ、あそこに鴨がいたらどのように接近して撃つかと想像、いや妄想にふける。この段階ではいいことしか考えないから困ったもので、頭の中のぼくは撃てば当たり、師匠のサポートも的確に行う腕達者。獲れ過ぎたらどうしよう、などと考えているうちハッと我に返ってしょんぼりするのだ。そして、ついつい夜更かししてしまい、睡眠不足で朝を迎える。これ、猟師はみんな同じようなものだと思う。

さて、いざ出猟の前に、ここ数年の狩猟をめぐる変化について書いておこう。

ぼくが狩猟を始めた２０１３年と今（２０１７年）とでは何が違うか。猟師の減少と高齢化には歯止めがかからず、鹿、イノシシ、猿による農作物や高山植物、樹木の被害も相変わらず深刻だ。また、東京都の青梅市で熊が出没するなど、野生動物と人間のすみ分けも、ますます難しくなってきている。その意味で、状況が好転したとは言いがたい。

ただ、変わってきたこともある。全国の自治体が、被害を減らすための対策に力を入れ始めているし、若手猟師を増やすために狩猟フォーラムが各地で開催されるようにもなった。かつてのように、親や先輩がやっていたから自分も猟師になる人が主流ではなくなり、自然を守る方法として、あるいは地方に移住する手段として、狩猟免許を取得する若い世代が現れてきているのが特徴だ。全体から見ればその数はまだ少ないだろうが、猟＝野蛮で時代遅れ、といったイメージは徐々になくなりつつあるように感じる。

その背景にはジビエという言葉の普及があるだろう。都市部ではお洒落なレストランで凝った料理が提供されるようになってきたが、それは単なる流行というより、被害に悩む地域が加工場を作り、ジビエ肉を流通に乗せる努力を始めた成果と言えないだろうか。

わずか4年前、狩猟を始めたぼくは、都会に住む友人たちから「猟師？　マタギになるのか」と言われたりしたが、最近では、「興味深い」や「おいしそう」が断然多い。情報が増えたおかげで、狩猟がどんなものかが、少しずつ知られるようになってきたのだ。なんだって一気に解決はしない。害獣の被害や狩猟をめぐる状況は楽観視できないとしても、世間の関心が高まっていけば、未来は決して捨てたもんじゃないと思う。

では、我が家はどうなのか。

「命をもらうことの意味とか、お父さんがそれを大切にいただこうとしてることはわかっているよ」〈中1の娘〉

「猟だけじゃなく、野菜づくりにも興味が出てきた点を評価したいかな」〈ツマ〉

あまり関心が高まっている様子はないが、ぼくが猟をすることが定着してきた証だと考えることにしよう。よし、今シーズンも張り切るぞ！

「あ、お父さん、獲るのはほんの少しでいいからね。ときどきのほうが、おいしく食べられるから」

贅沢者め。苦労して手にする肉なんだぞ。ツマよ、ビシっと言ってやってくれ。

「私は猟果ゼロでもかまわないくらいだよ。あ、ヤマドリは食べたいから、師匠にもらってきてくれると嬉しい」

最大の変化は、家族のジビエ慣れだったか…。

狩猟解禁日は賑《にぎ》やかに

「岸寄りに2羽見えました。カルガモだね。ここは北尾さんひとりでやってみて」

溜め池を偵察に行った宮澤師匠から、シーズン最初の鴨撃ちをまかされてしまった。数日前から下見を重ねてきた師匠は、ここの鴨なら空気銃で狙えると考え、他の猟師が来る前に、不肖の弟子に撃たせてやろうと気を使ってくれたのだ。

物音を立てないよう注意しながら土手を這い上がる。夜露をたっぷり含んだ草で、ズボンが濡れていくのがわかる。

そっと窺《うかが》うとカルガモの姿が見えた。距離は50メートル弱だろうか。銃を取り出して息を整え、小型三脚に銃身の先を乗せる。そして、カラダを斜めに横たえた態勢でスコープを覗《のぞ》き込んだ。

だが、ピントを合わせようとしても思うようにいかない。姿勢が悪いのだ。ペタッと腹ばいになってしまえばよかったのだろうが、上着まで濡れるのが嫌で横向きになってしまった。ただでさえ実戦の勘が鈍っているところに、正面から覗くことができないとなれば、スコープの中心に素早く標的を捉えることなど不可能に近い。

こうしたことは冷静に振り返ってわかることで、現場では「なぜだ、なぜ見えない」とあせりまくるだけだった。なんとか捉えても、バランスが悪いためわずかに顔を動かしただけで見えなくなり、撃つことができない。そのうち、気配に気づいたカルガモが動き出すと、ますますスコープは合わなくなってきた。カルガモはそわそわして左右3メートルの範囲をゆらゆらと行き来している。いつ飛び立ってもおかしくない。急がねば。今度右に動いたら、ターンするタイミングで撃とう。きっちり狙えば多少動いていても…。

撃った。カルガモのすぐ脇で水がハネたのがわかる。失敗だ。くそ、今シーズンもこの調子か。鳥撃ちにまぐれ当たりがないことは十分わかっているはずなのに。

つぎの場所では10メートルの距離に獲物がいた。散弾銃なら「いただき！」となるところだが、空気銃ではそうもいかない。30〜50メートルで調整しているスコープの中心を狙うと、弾が目標の上を飛んでしまうのだ。そのため少し下を狙うのだけれど、そこに撃つ位置との高低差なども加わるため、ぼくのレベルだと瞬時の判断がつきにくく、また外してしまい、飛んだところを師匠に仕留めてもらった。

初日の最後となった溜め池では、獲物に気づかれることなく銃を構えることができ、この日一番可能性の高い射撃になった。当たると思ったもんなあ。不的中に終わったのは、腕が未熟なせいである。引き金を引く瞬間に余計な力が入り、ほんの少し銃身が動いてしまったのだと思う。

解禁日
鹿を
仕留める
猟師。
カモを
仕留める
猟師。
芋を
持ち帰る
猟師。

3戦3敗。昨夜の妄想では連戦連勝だったが現実はキビシい。狩猟に関しては、根拠もなく的中率が急に上がることなどないのだ。しかし、ぼくの考えは楽観的である。トータルで考えれば悪くはなかった。ぼくが外したカルガモを師匠が2羽仕留め、コンビ撃ちとしてはまずまずの結果が残せたし、あちこちの溜め池を見て回ることができたことは今後の役に立つはずだ。

マガモが増えるのはもう一段階寒くなってからだけど、カルガモの群れにはいくつも出会えた。獲物がいれば出猟の意欲も湧く。今日は姿を見ることができなかったキジやヤマドリと遭遇できる日も近いだろう。ぼくが狩猟で一番好きなのは、鳥たちを発見し、胸がドキドキ高鳴る瞬間なのだ。あのトキメキに比べたら、当たった外したと一喜一憂するなんて小さい小さい…もっと狩猟欲を出せ!

午前中で猟を終え、師匠の店『八珍』でくつろいでいると先輩猟師の小島敏文さんがやってきた。ヤマドリには出会えなかったものの、鹿を仕留めたそうだ。

「北尾さんくると思ったから、シシのいいとこ持ってきたから食べてみてよ。あばらの間の肉で、オレはこれが最高だと思う」

上級者にとって鹿はありふれた獲物。小島さんは鹿猟のことを「駆け引きがなくてつまらない」といつも言う。それでも嬉しそうなのは初日だからだ。小島さん、解禁日は会社休んでても猟に出るもんなあ。

「当たり前だ。正月から働くやつがどこにいる」

冗談だと思ったら、厨房の中で師匠が笑っていた。小島さんはここ数日、『八珍』にきては、あと何回寝たら猟ができると腕を撫《ぶ》していたらしい。アンタは子どもかい！

話していると小島さんの携帯が鳴った。大町市の鹿島槍付近で熊猟をしているグループから、回収作業を手伝いに来てくれと連絡が入ったのだ。

同行させてもらうと、頑丈なワイヤーをクルマで引っ張りながら、ツキノワグマを谷から引き上げる作業の真っ最中。仕留められた熊を見るのは初めてだったが、猟師たちの高ぶった雰囲気に、猟師にとって熊を獲ることがいかに特別かを思い知らされた。

鳥撃ちから熊猟の見学まで盛りだくさんの1日を終え、小島さんから分けていただいたイノシシの肉を土産に帰宅。鴨は穫れなかったけれど、イノシシを調理するコツを聞いてきたから、狩猟解禁日らしい食事ができるだろう。

が、ぼくの目論見をよそに、ツマはまったく違うところに反応したのだった。

「これはリッパだね。食べごたえありそうで嬉しい！」

その手には、イノシシ肉ではなく、たくさんあるから持って行けと師匠から渡された山芋が、しっかりと握られていた。

2 ▼▼ 31年目の新人猟師デビュー戦

拙書『猟師になりたい！』に刺激されて、狩猟免許を取得したという方にときどきお会いする。「なかなか獲れないところにリアリティがある」と言われると微妙な気持ちになるのだが、猟を通じて広がる人間関係にも魅力を感じてくれるようだ。

遠方からはるばるやってくる賢明な読者は、会っても得るものがないぼくのところではなく、師匠の営む『八珍』を訪ね、狩猟の実際や具体的な方法を熱心に聞いていく。くるもの拒まずが基本姿勢の師匠にとっても楽しみのひとつになっているようで、ときには銃やガンロッカーを揃《そろ》える資金がネックとなって二の足を踏んでいる若者のために、中古銃や使わなくなったガンロッカーを探してあげることもある。そうやって、ひとりでも仲間が増えていくことが師匠の喜びでもあるのだ。

神奈川県在住の片倉章さんも、そんな読者のひとり。２０１６年の夏、本を読んで会いにきたことを師匠から聞いた。

「法政大学出身で北尾さんの後輩。学生時代はアメリカンフットボールの選手だった人。鳥撃ちをやりたいというんだけど、動機がおもしろいんですよ。学生だった30年前、友人の関係に猟師がいて、ヤマドリ猟に誘われたそうなんです。そのときは忙しくて行けなかったそうなんだけど、狩猟への憧れがなぜか募って、いつか時間に余裕ができたらやろうと心に誓ったたっていうんです」

いつの日か狩猟免許を取ってヤマドリ猟に行きたい…。卒業して会社勤めを始め、結婚して家庭を持っても、片倉さんの気持ちは変わらなかった。そして、ヤマドリ猟に誘われてから30年後、たまたまぼくの本を読み、いまがそのときだと決意したという。

「子育ても一段落して、やっと自分の時間が持てるようになったんだろうね。話を聞くだけの人もいるけど、あの人はやると思う。これから狩猟免許を取るそうだけど、デビューは来年かな。猟犬を育てるところからやるそうです。本気なんですよ。狩猟をしたいだけじゃなくて、犬を連れたヤマドリ猟に憧れているんでしょう」

片倉さんはその後、予定通り狩猟免許を取得。銃の所持許可も得て、射撃場で練習を重ねていった。犬の調教は思うにまかせないようだったが、ときどき師匠にもたらされる現状報告を聞くと、いかにも楽しげである。ただ、大物猟ではなく鳥撃ち志願なので、地元で指導を受けられるような先輩猟師には巡り会えないでいるらしい。

山育ちでもない素人で、会社勤めをしながらの週末猟師が、単独でうまくやれるとは思えない。まして目標はヤマドリ。指導者が見つけられないなら、いっそ長野まで来て師匠にくっついて回るほうがいいのでは。

「ボクもそう思う。ヤマドリ猟って、北尾さんにとっては見慣れた猟かもしれないけど、そう簡単じゃないんですよ。やみくもに山を歩いたって出会えるもんじゃない。ヤマドリを獲りたくてたまらないけど、生涯に1羽も獲れない猟師だっていますよ」

初めての猟でキジ、鴨を撃つ

シーズン・インして間もなく、片倉さんが長野に来ると連絡が入った。犬はまだ調教中なので単身での参加。地元では射撃練習のみで、今回が実戦デビューになる。ちなみに、狩猟免許は知事名で交付されるものだが、猟をしたい自治体に申請し、狩猟税を納めれば、エリアが遠くても行うことができる。

『八珍』の定休日に合わせて来るため、師匠は終日付き合う構え。午前中はヤマドリやキジを狙い、ぼくも午後から合流して鴨撃ちをしようと相談した。

昼頃、待ち合わせの「道の駅」にいると早朝から猟に出ていた師匠と片倉さんが戻ってきた。

「ヤマドリを見つけることはできませんでしたが、緊張感があって楽しいです」

片倉さんは初めての出猟に興奮冷めやらぬ様子。50代とは思えぬ初々しさに、ぼくも最初はこうだったなと懐かしい気分になる。何しろ、母校・法政大学の「H」マークが入ったアメフトシャツを着込んでいるのだ。片倉さんなりの勝負服で、この猟に臨んでいることがよくわかった。

「銃も、射撃用ではなく狩猟向きのを昨日手に入れて持ってきました」

まだ1発も撃っていない銃なのか。

「それが…。午前中1発撃って見事に外しました」

ヤマドリを探して山道を走行しているとき、このへんにはよくキジがいると師匠が話していたら、黒い影が見えたのだと師匠が言う。

「ちらっと見てカラスだと思ったんだけど、タイミングが良かったので『撃ってみたら』と勧めたんですよ。カラスは食べないにしても、駆除になるし、銃を撃つのが大事だと思ってさ」

師匠が教えてくれた射撃ポイントまで行き、ひょいと覗《のぞ》いてみたら…。

「キジだったんですよ。師匠も気づいて『撃て、撃て！』」

「てっきりカラスだと決めつけていたボクは、撃つ準備をしてなかったの。そうしたらキジでしょ。しかもオスが3羽遊んでいたんです。シーズン通してもあまりない絶好のチャンスだから、とにかく狙って撃てと。でも片倉さん、弾を装填《そうてん》してない」

「アセリまくってしまい、発見してから装填して撃つことになってしまって。キジは逃げ始めるし、飛んだところを1発撃つのがやっとでした」

「惜しかったよね。当たっていたら最高のデビューになりました。ボクも準備しておけば、片倉さんが外したとしても2羽は獲れた。どうしてカラスに見えたかなあ」

師匠らしからぬミスといい、初心者あるあるの弾の装填忘れ。失敗談なのだけど、いかにも楽しげに語るのでぼくも大笑いしてしまう。

こうなったら、片倉さんに鴨を仕留めてもらいたいと溜め池をチェック。小さめの池にはいなかったが、めったに行かない大きな池の奥のほうに群れが見えた。20羽はいるだろうか。空気銃では難しい位置だが、飛ぶ方向によっては散弾銃で狙えそうだ。

撃ち役は片倉さんで決まり。ぼくと師匠は鳥の近くまで行き、空気銃で撃てそうなら狙い、無理なら師匠に追い出し役を任せる作戦を提案した。片倉さんの近くに師匠がいればアドバイスできて理想的だけれど、それより大切なことは、鴨たちを撃ち手のいる方向に飛ばすこと。大きな池だけに、銃声の小さな空気銃では役不足だ。

片倉さんを残し、クルマで移動。忍び足で池に接近する。30羽はいるだろう。思った以上の大群だ。

新人さんいらっしゃい!
いやー新人は初々しいのう。
まあせいぜいこの兄弟子の背中を追いかけるがよかろう。
あっていうまに追いぬかれるよ。
ああぁ
新人片倉さん(52歳)
ORANGE

「銃声と逆方向に飛び立つでしょうが、うまくすると旋回して片倉さんの上空を通過するんじゃないかな」

物音に気づいた鴨たちがざわめき始め、追い出し役の射撃で一斉に飛び立った。片倉さんを振り返ると、草むらに隠れているようだ。飛んできたら、よく引きつけてから立ち上がって撃つように指示が与えられている。

師匠の読み通り、群れの一部が空中で旋回するのに合わせて残りも方向を変え、撃ち役のほうに向かっていく。あ、片倉さんが立ち上がって銃を構えた。

「これはいい。高さも20メートル程度でしょう。こんな最高の条件、めったにない。片倉さん、当てるんじゃないか」

ぼくの隣で師匠がつぶやいたそのとき、ドン、ドン、ドーンと3発の銃声が響いた。

「当たったか！」

師匠が叫ぶ。1羽、ガクッと高度を落とした鴨がいたのだ。落ちるところは見えなかったが、飛んできた勢いがあるので、撃った場所からやや離れた地点に落下するのはよくあることである。

急いで戻ると、片倉さんが呆然と立ち尽くしていた。射撃から1分は経っているのにどうしたのかと思えば、出会い頭だったキジとは違い、猟らしい猟を経験して感無量だったという。で、鴨は？　当たったように見えたが。

「私もやったと思ったのですが、羽をかすっただけだったようです。体勢を立て直して飛んでいってしまいました」

惜しい、ビギナーズラックならず。

「タイミングが遅れたのが自分でもわかりました。射撃場で的を撃つのとはまったく違う。難しいです」

反省しきりの口調とは裏腹に、目は輝いている。すべてが新しい体験だったこの日、得たものは大きいだろう。

「今度は犬を連れてきます」

それがいい。ヤマドリ猟という目標もあることだし、狩猟ライフは第一歩を踏み出したばかりだ。

土産に師匠からキジなどをもらい、満足気に去った片倉さんからその晩メールが届いた。

〈妻に今日の出来事を話しましたが、あまり理解できないようでした（笑）〉

わかる気がする。あの興奮状態を家庭に持ち込んだら、誰もついていけないだろう。でも、片倉さんが猟を楽しんだことはしっかり伝わると思う。仕事で疲れて帰宅したときとは、きっと別人のはずだから。

3 痛恨のコガモ未回収

「調子はどうです、獲れてますか?」

狩猟シーズンに入ると挨拶代わりに猟果を訊かれる。東京の友人には毎日出猟していると勘違いする人もいて、「遊んでばかりでいいねぇ」とうらやましがられたりもするが、そんなわけはないのである。

取材や打ち合わせで少なくとも月に1週間は上京するし、松本にいるときは原稿を書き、畑(野菜を作るのだ)の世話をし、友人と会って話し、家事の諸々にもなるべく参加する。狩猟税を払っているのだから週に一度は出猟したいのだが、年末年始はツマの実家に里帰りするため、約90日間のシーズン中、出猟できるのは10日前後だろうか。そのときだって腰は低い。我が家はクルマが1台しかないので、ぼくが使うと困ることがあるからだ。

「今度の日曜、猟に行きたいけどいいかなあ」

しっかりお伺いを立て、許可を得るのだ。それを怠るとロクなことがない。たまたま早く目覚めたので家族が寝ている間に出猟したら、ツマに出かける用事があって叱り飛ばされたこともあったっけ。

出猟日数が限られるのは残念な面ばかりではない。５シーズン目を迎えても猟場に向かうときのワクワク感や緊張感がなくならないのは、毎回がフレッシュなためだろう。きりりと引き締まった冬の朝、かじかむ手をこすり合わせながら鳥を探す時間は格別。動き回っているうちに、獲れるとか獲れないとかにこだわる気持ちが薄れてくる。こんなにおもしろいんだから、それでいいじゃないかと。まぁ、そこがぼくのダメなところなので、読者諸氏には勧めないが…、チマチマした話をどこまで続ける気だ！

そうだ、猟果を出そう。先シーズン最後に決めたカルガモのコンビ撃ちで、獲物を仕留めるコツをつかんだはずなのだ。初日は結果を出せなかったけれど、あのときの感触はまだはっきりと覚えている。

数カ所回って獲物が発見できず、最後に訪れた明科（安曇野市）でコガモの群れを発見した。オスの顔が栗色と緑なのでわかりやすい。

猟師デビューした5年前、見学期間を終えたぼくが初めて獲物のカルガモに銃口を向けた犀川の猟場である。そのとき付近の猟場もいくつか教えてもらい、自宅から30分以内でこれることもあって、単独猟をするときはだいたいここを覗《のぞ》くようになった。

２シーズン目の途中に護岸工事が始まって以来、めっきり鴨が寄り付かなくなり、下流のダム湖（禁猟区）へ移動してしまったのだが、よほど居心地がいいのか、ここだけは以前と変わらず鳥が寄り付く。いるのはいつもコガモ。流れの緩《ゆる》やかな岩の陰が2カ所あり、どちらかに固まっていることが多い。

この日は距離が遠くて撃てないほうに群れがいたのであきらめかけたら、近距離の手前側で水に浮かんでいる2羽が見えた。彼らの死角にいるぼくの存在に気づかず、のんびりしている。ただ安心はできない。遠方の群れがぼくを発見したら警戒され、こちらの2羽にもすぐ伝播。オスがピリピリッという鳴き声を発し、途端に動かれて発砲すらできずあきらめたことが何度もある。

こういうとき、一番やってはいけないのは、あせって物音をさせること。まずは落ち着こう。銃のカバーを外し、弾丸の装填《そうてん》を確かめてから、あおむけになって深呼吸を繰り返す。緊張感が高まるこのひとときがたまらない。1日のラスト、ビシッと決めて帰りたい。朝から夕方まで猟をするチャンスはしばらくないのだから。

というのも、ツマが手首を骨折してしまったのだ。幸い利き腕ではなく、無事に手術も終えたが、通院から日々の買い物まで不自由することが多く、自分の仕事に加えて運転や荷物持ち、食事当番までぼくの担当が急増。ピンチの時に家族が力を合わせるのはあたり前で、得意料理のオムライスやポトフを作ってみたりしたのである。

「期待してなかったっていうか、予想したよりおいしい。お父さんを見直しました」

めずらしく娘の評価も高かっただけになおさら、狩猟に行きたいとは言いづらい。で、今日になってようやく、午後の時間がポッカリあき、ひとり猟に出かけることができたのだ。

近距離＋高低差の難関をクリアしたが…

コガモたちはじっとして動かない。距離は20メートルと近い。それ以上に問題なのは高低差10メートルはある撃ち下ろしの射撃になることだ。

これまでにも書いてきたように、距離が近くなるとスコープの中心で捉えた標的を撃っても当たらず、狙った上を弾が飛ぶ。高低差がある場合にも、的が上であれ下であれ、狙った上を弾が飛ぶ。つまりこの射撃、上＋上になるのである。ではどのくらい上を狙えば当たるのか。それは標的までの距離と角度によって変わってくる。

狙う場所は首または頭だ。ボディのほうが的が大きくて良さそうな気がするが、外側は羽だから当たっても仕留められない。外れてくれればまだいい。最悪なのは獲物に傷を負わせて取り逃がすこと。怪我を負った鳥は自然の中で長く生きられない。これを半矢といい、猟師たるもの、できるかぎり避けなければならないこととされている。

ぼくも最初の頃、何度か半矢にしたことがある。とても後味が悪かったので、以降はなるべく急所である首、頭を狙うようになった。必然的に標的は小さくなり、2、3センチずれるともう当たらない。そういう的だから、上下の見極めを間違えたら頭の上を弾が飛んでいったり、獲物の手前に着弾して情けない水しぶきを上げることになる。また、ぼくの銃は距離が近くても左右のズレが生じにくいのだが、それでもゼロというわけではなく若干の癖があるので、それも考慮に入れなければならない。

双眼鏡を覗く。コガモの位置は岸から5メートルか。タモ網は7メートルまで伸びるので、これなら回収可能だ。

銃を手に腹ばいで前進。手製のクッションに銃身を乗せて固定し、スコープを覗き込む。全長37センチほどと、鴨の中でも小柄なコガモが大きく見えるところに距離の近さが表れている。勝負は1発。オスとメスのつがいだが、少しでも岸寄りがいいので、メスを狙うことにした。

スコープの中心から2目盛り上をコガモの首に持ってくる。だが、ちょっと待て。2目盛り上は根拠があってのことではなく、自分の感覚で当たりそうだと思う角度にすぎない。それでいままで当たったのか。否である。ぼくには銃口を下げすぎる傾向があるのだ。

迷いが生じ、いったん下げた銃口を少しだけ戻した。高低差と距離の二面があるのだか

緊急レポ
疑惑の銃弾
「確かに的中したんです！」
「では、その獲物は？」
「それが……川を流れていってしまいまして」
信じて下さい!!
証拠がないんじゃねえ。
私はお父さん信じてるから
早く帰ってきてね
Tomokichi

ら、1日盛りでは戻しすぎ、1日盛り半だ。これまでも同じ判断をして撃ったことはあったと思うが当たったことはなかった。でも、その原因は手元のブレだったのではないか。銃身が固定できている今日ならば…。

コガモが静止するまで待って引き金を引くと、スコープの中でガクッと首を垂れるのがわかった。的中だ。5年目にしてやっと、近距離の撃ち下ろしに成功したのだ。ここでの撃ち下ろしが難しいことを知っている師匠も喜んでくれるだろう。

さあ回収。右手に銃、左手にタモ網を持ち、岩場を降りる。このパターンは狩猟シーズン開始前にシミュレーションしていたので、岩場でずっこけずに岸までたどり着けた。あとはタモ網を伸ばし、水面に浮かんでいるコガモをすくうだけ…あれ、タモ網が届かないぞ。目測を誤ったのか、それとももっと伸ばせるのか。確かめるとタモ網に異常はなく、理由は前者だった。発見時は5メートルに見えたのだが、スコープを覗き込み、あれこれ考えている間に数メートル移動したのだろう。

タモ網の先端からコガモまで1メートル以上ある。網を手前にかき込んで引き寄せようとしたが効果がない。タモ網を投げ込んでも、引っ張るためのヒモがない。濡れてもいいから川に入ろうかと思ったけれど、ここは浅瀬じゃない。危険だ。

待とう。流れに押され、岸に寄ってくるかもしれない。ぜひ、そうであってくれ！

しかし、現実は無情だった。少しは流れがあるのだろう。コガモは徐々に岸から離れ、やがて本流に乗って、視界から消えてしまったのだ。その間、およそ20分。ぼくはほとんど涙目になりながら、去ってゆく獲物を眺めているしかなかった。

完全に仕留めたのだから獲ったことにはなる。でも、回収に失敗したので家族に見せたり一緒に食べたりはできない。せめて写真を撮っておけばよかったと思うが、時すでに遅しである。

肩を落として帰宅。黙っていればいいものを、つい悔しくて、さっきの出来事を喋《しゃべ》ってしまった。ツマは「カッコ悪！」と笑ってくれたが、娘はそうはいかない。

「鳥は命を失い、お父さんはガッカリし、私は鴨鍋が食べられない。誰もうれしくない1日だったね」

的確なダメ出しに、返す言葉がなかった。いつか再び来るであろう似たような状況に備えて、あと1メートル長いタモ網を買っておくか…そういうことじゃないって！

4 ▼▼ 狩猟ライター・小堀ダイスケ登場

狩猟ライターの小堀ダイスケさんが、クルマを飛ばして長野市へ遠征してきた。小堀さんは空気銃から散弾銃、ライフルまで使いこなすオールマイティな猟師。年齢はぼくより11歳下だが、狩猟免許を取得してから20年以上になるので、この世界では大先輩になる。

なにかと狩猟が話題になってきたのを受け、２０１７年に創刊された『狩猟生活』（地球丸、年2回発行）という媒体で、ぼくは体験レポートや野生動物の被害に悩む地域の取り組みを取材した記事を担当していて、企画段階で鈴木幸成編集長（以下、スーさん）と会ったとき、誰かいい執筆者を知りませんかと訊かれて即答したのが小堀さんだった。SNSでつながっているだけの関係だったが、マニアックな銃の知識や、狩猟愛あふれる文章が好きだったのだ。スーさんも一発で気に入り、現在では同誌のエースライターとしてさまざまな記事を担当するようになっている。

その原動力は、幼い頃からの積み重ねだ。小学生の頃から鉄砲に魅せられ、実家が書店だったのをいいことに専門誌を読みあさって知識を吸収。中学に入る頃には一丁前のモデルガンマニアになっていたという。その後も飽きることなくマニアの道を歩み、道具としてのナイフに惚れ込んでコレクションも開始した。成人後は銃砲所持資格を得て競技射撃を始めるが、やがてフィールドで行う狩猟に興味を抱き20代で猟師デビュー。趣味を通じて会得した膨大な知識や、猟師から銃砲店までの狩猟人脈を買われ、たまたま知り合った編集者に頼まれたことをきっかけにライターとして活動するようになった。

本業はミュージシャンで、プロのトランペッターとしてさまざまなステージに立ってきた経歴を持つが、いつしか趣味だった狩猟関連の仕事が増え、現在では元トランペッターと名乗るようになったとか。マニアックな気質、幼少からのガン好き、豊富な狩猟経験など、まったくタイプの違う書き手なので、ぼくにとってはつきあいやすく、『狩猟生活』創刊号の打ち上げで会って以来、親しくさせてもらっている。

そんな小堀さんがわざわざやってきた目的は、地元の栃木県ではなかなかできないヤマドリ猟と、モーターボートを使った鴨撃ち。師匠もこういう積極的な申し出は大歓迎。どうぞいらっしゃい、というわけで、ヤマドリ狙い→池→犀川（ボート）のフルコースを計画したのだ。

6時半に待ち合わせ、師匠のクルマに同乗してヤマドリ探しを開始。車中では銃やナイフなどの狩猟アイテムや狩猟歴など、師匠と小堀さんが話し込んでいる。初対面でもすぐに打ち解けてしまうのは、ふたりが根っからの猟好きだからだろう。メーカー名や専門用語が飛び交うマニアックな会話にはついていけないが、そばで聞いているだけで楽しいので黙っていた。

いつものヤマドリコースを進むうち、昔はいなかったのに近頃は、と大物猟の話になる。

「鹿に出会うこともあるので、そのときは小堀さん、遠慮なく撃ってください」

「わかりました。ところで宮澤さんはどんな弾を使っていますか。ぼくは通常…」

休憩のためクルマを停《と》めたところで、師匠が雪の上に残る足跡を指差した。

「ヤマドリだね。こっちは鹿。山を下っていってる」

いるのだヤマドリ。うまく出会うことさえできれば、こっちは腕利きの猟師がふたりだから勝算はある（ぼくは見張り役）。が、現れたのはヤマドリではなく鹿だった。足跡を見てから数分後、山道脇の林で2頭が休んでいるのを発見したのだ。

師匠がゆっくりクルマをバックさせ、鹿から見えない位置に停車すると、飛び降りた小堀さんが林に入り、素早く銃を構えて撃つ。ギクッとした鹿が飛び跳ねるように急角度の斜面を駆け下りた。

「え、あの距離で外した？　手応えあったんですけどおかしいな、ちょっと見てきます」

納得できない表情で鹿の後を追う小堀さんを見て、師匠が嬉しそうにしている。

「絶好すぎて当たらないこと、たまにあるんですよ。でも、さすがだと思った。発見してから構えて撃つまで、まったくよどみがないでしょう。レベル高いですよ。しょっちゅう猟をしていないと、ああいう動きはできないもんね」

実力を証明する機会はすぐにきた。鹿の現場から数百メートル先で、斜面で木の実をついばむヤマドリに遭遇したのだ。

「狩猟運がよくなったね。小堀さん撃ってみて」

即座に銃を持って斜面に入り込むが、危険を察知したヤマドリも負けじと駆け上がり、撃つ寸前で斜面の上に姿を隠してしまった。しかし、小堀さんは追跡をやめず、斜面を登りきって向こう側に行ってしまった。

「ボクならまた今度とあきらめるところだけど脚力あるなあ」

通常、警戒心マックスのヤマドリは走って逃げるだけじゃなく飛び去ってしまう。いまごろは遠くへ逃げ切って羽を休めているのではと話していると、ドーン、ドーンと銃声が2発響いた。

「残っていたか。執念だね。これは獲ったかもしれないよ」

しばらくすると、1羽のヤマドリを抱えた小堀さんが斜面を降りてきた。おお、獲った獲った、ヤマドリ猟成功だ。

「形も大きいね。良かった、すばらしい」

わざわざ遠征してきてくれた小堀さんを手ぶらで帰すわけにはいかないと思っていた師匠も大喜びだ。

「逃げ切ったと思って油断していたら、小堀さんが斜面を登ってきた。ヤマドリも驚いただろうね」

「僕は猟欲が強いんです。それに、ヤマドリ猟をする機会は地元じゃめったにないので、運良く飛ばずにいてくれればと思ってがんばりました」

第一の目標を達成した後は、池と川岸からの鴨撃ちに興じた。ぼくが中央で撃ち、ふたりが左右に分かれて待機。鴨がどっちに飛んでも狙えるコンビ撃ちの応用パターンである。

「100メートルくらいありますけど、北尾さんの銃は、その距離でも殺傷能力がありますから、当てるつもりで撃ちましょう」

小堀さんに励まされ、木の幹に銃身を預ける姿勢で構える。ふたりが位置につくまで1分待ってから、狙いを定めて発射すると、10羽ほどの鴨が一斉に飛び立った。

川岸でも同様の射撃を行った結果、師匠が2羽、小堀さんが1羽をゲット。ぼくの弾は……、まぁいいではないか。自分は当たらなくても、チームとして成功すればいい。短時間で狙いを定めて撃つ練習になったと前向きに考えたい。

①ヤマドリ
②シカ
③イノシシ
④熊
⑤雪男
だれのあしあとかな？
小堀さん！
tomokichi.

この日のハイライトは、師匠のモーターボートで楽しむ犀川での猟。揺れがあって空気銃には不向きなのだが、なにしろ気分爽快なので、毎シーズン連れて行ってもらっている。船上から見る川の眺めは、岸からの景色とはまるで違うし、独特の緊張感がたまらないのだ。生い茂った木の下や窪《くぼ》んだ地形のところから、ふいに飛び立つ鳥たちは俊敏で、本当に美しい。

「出た！」

小堀さん、反応できない。船頭役の師匠が叫んでから銃を構えていたのでは一瞬遅れてしまい、その間に鳥たちは高度を一気に上げてしまうため、精度が鈍る。

「なるほど、これは慣れないと難しいですね」

キャリア豊富な小堀さんをもってしても、初体験の船撃ちはとまどいの連続のようだった。通常の射撃では、標的となる獲物を確認してから銃を構えるが、船撃ちでは、いつ、どこから鳥が出てくるか予測がつかないのだ。飛んでくる的を狙うクレー射撃は速度や方向が一定だが、こっちはそこもバラバラである。そのため、あらかじめ銃を構えていても微妙にタイミングが狂い、当たりそうで当たらない。

「タイミングのとり方と、撃つ際のバランス感覚が大事なんですね。当たったら気持ちいいだろうなあ」

数発外し、周囲の鳥はみんなどこかへ飛び去ってしまった。でも、獲れるかどうかは時の運。こうやって経験を積むことが、猟師として何よりの財産になる。

日没近くまで動き回って、この日の猟は終了。

「ヤマドリと鴨が穫れたけど、事故も怪我もなかったことが一番良かったね」

いつものように師匠が言う。本当にそうだ。

「小堀さん、ぜひシーズン中にまた来てください。小島という、銃やナイフが大好きな男がいるんですよ。今日の話をしたら小堀さんに会いたがるだろうし、つぎは小島も一緒に出猟しましょう」

「わかりました。僕は普段、日光あたりで猟をすることが多いんですが、長野は風景からして全然違い、すごく新鮮です。犀川みたいな猟に適した川も地元にはないので、必ず来ます」

師匠と小堀さんに小島さんが加わるのか。こんなに濃いメンバーが揃《そろ》うのを、ぼくひとりで見学するのは惜しい。『狩猟生活』のスーさんも興味を持つのではないか。

連絡すると、参加希望の返信が。しかもそこには、鳥撃ちの頂点ともいえるヤマドリ猟を、この面々で行い、誌面でレポートしたいと書かれていた。

5 ジビエは観光の目玉になれるか

友人6名を我が家へ招待し、恒例のジビエ食事会を開催した。シーズンも半ばを過ぎると、我が家3人だけでは消費しきれないほどの肉がたまってしまうのだ。塩麹で下味をつけたキジは焼き鳥にし、ヤマドリは定番の鍋と雑炊、鴨はロースト、鹿はステーキにして肉の味を楽しんでもらうことにした。最近は贅沢になってきて、家族で鍋を囲んでも喜ばれないけれど、一般的にはまだ珍しいのか、二つ返事できてくれる人が多い。

食事会のいい点は、友人たちが狩猟の話を熱心に聞いてくれるところ。普段は鳥の解体について尋ねられることなどないのに、臭みがないのはどうしてなのかと具体的な質問まで出てくる。なぜそうなるのか。今食べている肉に関する話にはリアリティがあるからだ。

そして、これはここ数年の変化だと思うが、話す内容を理解してもらえている実感がある。狩猟を始めた5年前にはなかなか通じなかった鹿やイノシシによる食害について、皆が知っていて共有しやすい。対策にはどこの地域も苦労している。駆除活動で劇的に減ったという話は聞かない。それでも、山間部や里山地域の状況が広く知られることで、世間の関心も深まる。若い世代（とくに女性）を中心に、狩猟免許を取得して駆除活動を志す人が増えつつあるのも朗報。まあ、ぼくも猟師のひとりとしてできることはやっていくつもりだ、うん。

「でも、お父さんはめったに当たりません。今日のお肉も師匠の宮澤さんからもらったものだらけです！」

娘よ、余計なことは言わないでいい。今日の目的はジビエ料理を食べてもらうことで、ぼくが獲ったかなんて誰も気にしない…こともないようだ。

「この鴨はいつ、どうやって獲ったか説明しないから、おかしいと思ったよ。解体はどうしたの？」

尋ねられ、それは自分でやったと答える。手順を説明する間も友人たちは興味津々だが、聞き入るのではなく箸を動かしながらなのがいい。質問が具体的になるのだ。

「これは鴨のどこの肉になるのかな」

きれいに解体できているから胸、いや背肉かな。こっちの乱れてるやつはもも肉。関節がうまく外せなくて…そこまで言わせるな！

鹿肉のやわらかさとクセのなさ、ヤマドリの上品さ、キジの歯ごたえ。食べればすぐに違いがわかり、理解が進む。そして、これが何よりいいのだが、珍しくておいしいものを食べると人は上機嫌になり、話が弾むのだ。

「いいなあ狩猟。トロさん、いい趣味見つけたね」

誰かが言うと娘が答える。

「ていうか、お父さんひとりじゃ何もできないけど、いい先生を見つけたんだよね。すごいのは宮澤さん。だって『八珍』のラーメンと餃子は最高なのです。あー食べたくなってきた」

そっちかよ。でも、たしかにそうだ。ただ狩猟をするだけではなく、川下りをしたり山菜採りに連れて行ってもらったり、一家揃《そろ》って師匠の世話になっている。4人の子供を育て上げた宮澤さんは、父親としても大先輩なのだ。

ジビエイベントは大盛況

ジビエが山を守るための切り札になる。そのことは、狩猟免許を持つ飲食店オーナーたちが中心となって松本市で開催されたイベントに呼ばれたときも強く感じた。主催したのは飲食店やバーを経営する砂子慎哉さんと、居酒屋『さくら咲く』の経営者である土田考康さん。砂子さんはデビューしたての新人猟師、土田さんは狩猟歴10年クラスの中堅猟師でジビエ料理をメニューにも取り入れているという。
　打ち合わせがおもしろかった。ジビエ料理を食べに来てもらうためには、料理の写真を見せて宣伝するだけではダメ。なぜジビエなのかを伝えるところから始めるべきだろう。そこで、イベントを行って、トークと試食会でお客さんをもてなしてみようと企画を立てたのだ。赤字では困るが、儲けるためのイベントにはしないと言う。
「始めたばかりですが、とにかく猟に出るのが楽しくて仕方がない。土田さんも深夜まで店をやって朝イチから出猟するような人なので、自分たちが夢中になっている狩猟について語ることが、その魅力を伝えることにもつながるだろうと思うんです」（砂子さん）
　プロ猟師を呼んで専門的な話をしたところで、それほど興味を持ってはもらえない。現場を知る猟師と、そうでない人の温度差を埋めるには、資料を配って専門家が話をするより、狩猟歴は浅くても、その魅力を全身で感じている人たちがトークするのがいい。その司会をぼくに頼みたいという相談だった。
「料理も、松本で獲れた素材を使おうと思っています。猟友会の先輩も協力してくれるので、せっせと猟に出て仕留めるつもりです」（土田さん）
　ふたりの話にはジビエ料理への信頼が感じられた。一度食べてもらえば、臭みがあるとかクセがあるという思い込みが払拭され、イメージが変わるはずだ。食べに来てもらうのはそれからでいいのだ。

明快な主旨とリーズナブルな参加費が功を奏し、当日は砂子さん経営の『くりや』に定員の30名を上回るお客さんが集まった。食のイベントだからだろうか、狩猟話なのに女性客の姿が目立つ。生き物関係の古書販売ブースや、地元猟友会の協力で射撃のシミュレーション体験ができるようにしたのも好評。試食会の仕込みをしている調理場からは、いい匂いが漂っている。

十分に場が温まったところでトーク開始。松本でジビエ肉の加工販売を手がけている山崎悟さんもゲスト参加し、狩猟だけではなく、解体の話も聞いてもらうことができた。山崎さんはあるとき思い立ち、土地の選定から加工場建設を進め、解体修行をして独立開業した人。均一化された家畜と異なり、個体ごとに肉質の違うジビエを相手にしているだけに、日々是修行だと思ってやっているそうだ。

「判断力も包丁の技術もまだまだです。今日は私が解体した肉も食べていただきますが、いまから心配でたまりません」

喋《しゃべ》っているぼくたち自身の腕が未熟だから、すごい話なんかできないけれど、失敗談だけは豊富で笑いが絶えない。

食いしん坊よ
信州に
来たれ!!
ジビエばんざい
お父さん
せめて
呼びこみ
よろしくね

ぼくが力説したのは、松本市民は野生動物の近くに住んでいることだ。周辺の山々には鹿やイノシシが歩きまわっている。全国的な水準と比較したら猟師も多く、自分では猟をしなくても親戚や友人知人をたどれば、ひとりぐらいは狩猟免許所持者が見つかり、鹿やイノシシの駆除数も増えている。であれば、被害を減らすためにも、肉の活用を考えるべきだと思うのだ。

年々人気の高まるジビエを扱う飲食店が増えるとどうなるか。市民もそうだが、松本を訪れる観光客にも食べてもらえるだろう。食は強い。うまくすれば、観光アイテムのひとつにだってなり得る。『くりや』や『さくら咲く』ばかりでなく、あちこちの店でジビエが食べられ、定着していけばきっとそうなる。これまで悩みのタネだったことを、ストロングポイントにしていくことを真剣に考えてもいいのではないか。そんな話をした。

「半月前からせっせと猟に出て仕留めた肉を使った、メイドイン松本のジビエ料理です。野生の肉は本当に臭いのか、硬いのか、食べて判断してみてください」

砂子さんの挨拶で試食会が始まった。鹿、イノシシ、熊、キジや鴨はもちろん、アナグマまで用意され、シェフがその場につきっきりで出来たてを提供する徹底ぶりだ。食べ方も、鍋あり焼肉ありロースト肉ありでバラエティ豊か。参加者たちは食欲も旺盛で、ジビエ肉の食べ比べに箸が止まらず、きれいに全部たいらげてしまった。

参加者のほとんどは、ジビエ料理目当てに集まった人たちだろう。でも、ぼくはそれでいいと考える。野生の肉のおいしさや、さまざまな調理法を知ってもらう。それは、堅苦しい講義を受けるより何倍も効果的に、食害問題への理解を深める方法だと思うし、時間が進むにつれて、そうした話にも花が咲く。つまり、このイベントは我が家の食事会を大規模にしたようなものだったのだ。

駆除された鹿やイノシシの肉は、90％以上が山に捨てられ、食肉として活用されない。その理由は、数を減らすことが優先され、獲った動物を運搬する時間を惜しむためだったりする。しかし、長い目で見れば食肉としての消費量を上げるほうが優れた対策となるとも言われる。全国各地でジビエの専用加工場が作られているのはその一環だが、食べてくれる人が増えなければ見通しは立たない。逆に、食べてさえもらえれば、食害の問題と消費者である自分とが無関係ではないと理解する人が増えるはずだ。

そういうふうにジビエのイメージが変わっていくにはしばらく時間がかかるだろう。でも、もう始まっている。行政が率先して〝信州ジビエ〟ブランドをＰＲしている長野県で、このイベントのような自主的な動きが活発になれば、ジビエを観光資源にして都会から食いしん坊を呼び寄せることができるかも…。ぼくは本気でそう思っている。

6 空気銃をかついだシェフ

シーズンも後半に差し掛かった頃、ぼくが出演する番組『北尾トロのヨムラジ』を担当しているコミュニティFM局、エフエムまつもとのスタッフから、フランス料理店『レストロリン』の主人が猟師だから会ってみればと勧められた。その店の名前は知っていた。佐久に住み、信州サーモンの養殖をしている学生時代の友人から、「ウチのサーモンを納品しているからぜひ行け。うまいぞ」と言われていたのだ。店名に〝トロ〟が入っているのも、縁がありそうな予感がする。

そんなわけでランチを食べに出かけ、オーナーシェフの小林昌和さんと知り合うことができた。狩猟を初めて3年目で、空気銃をメインに猟をしている48歳。常連客に勧められて狩猟免許を取得し、猟友会にも所属するが、定休日以外は早朝しか出猟できないので、もっぱら近場をひとりで回っているらしい。猟場はどこかと尋ねたら、ぼくの家からクルマで10分ほどのエリアだというのでびっくりした。

「溜め池が多いので鴨がいますし、キジ、ヒヨドリ、キジバトも豊富です。良かったら一緒に出猟しませんか」

こんなに嬉しい誘いはない。ぼくの最大の弱点は、地元・松本の猟場に疎いことなのだ。市内を流れ、犀川に合流する奈良井川や梓川流域は禁猟区が多い。里山エリアに入れば溜め池もあるのだろうが、うまく発見できないでいた。小林さんが猟場にしているあたりも手前まで畑と宅地が広がり、一見すると猟ができるとは思えないエリアだが、少し奥へはいると民家がほとんどなくなり、一気に鳥の姿が増えるのだそうだ。聞けば小林さん、猟期はほとんど毎朝、猟に出てから店に出勤するらしい。タフだなあ。

「おもしろいし、お客さんにも食べたいと言われますから。今期は20羽近く獲りました」

マメに出猟しているだけでなく射撃のセンスもいいのだろう。でも、ぼくに猟場を教えちゃっていいんですか？

「もちろんです。ひとりで気ままにやるのもいいですが、そればかりでは寂しい。誰か空気銃やる人いないかなと思っていたんです」

次の週、小林さんのクルマに同乗して出猟。住宅地を外れて細い道を進むと森が現れ、溜め池ではコガモが泳いでいた。ここにはカルガモやマガモも集まるという。木々を見上げればヒヨドリやキジバトもカンタンに発見できる。これはいい猟場だ。

空気銃にも向いている。発射音が小さいので近隣の人を驚かせる心配がないし、鳥たちもそれほど逃げ惑わないので、撃ったら移動して２００メートル先でまた撃ったりできるのだ。鴨中心だったので、ぼくはこれまでキジバトなどを狙ったことがなかった。師匠は柿の実を食べにくるヒヨドリ撃ちにも誘ってくれるのだが、せっかく猟をするなら鴨のほうがいいと思ってしまい、いまだに未体験だった。初見参のへっぽこ猟師はさっそく狙いを外したが、そんなことより新しい猟場を知ったことが大切だ。

小林さんがキジバトやヒヨドリ猟を好んで行う理由は、獲りやすさと味の良さだという。撃ってもしばらくすると戻ってくるので連日猟ができ、水場じゃないから回収もラクなのだ。鴨を出すところはあっても、キジバトやヒヨドリまで提供するフレンチレストランは少ないため、お客さんにも喜んでもらえるそうだ。

ジビエ肉は1週間位寝かせて食べろと言われるが、鳥に関しては獲ってすぐがむしろ美味であるとか、解体が上手いか下手かで肉の味が全く違ってくることなど、料理人ならではの言葉がポンポン出てくるのも新鮮だった。猟師にもいろんなタイプがいるなあ。

小林さんにとって狩猟は、仕事に必要なジビエ肉を確保する手段。たくさん獲るには散弾銃のほうが効率的なのに、空気銃を好むのは、大きな音を出して周囲に迷惑をかける心配がない点に加え、正しく撃たないと決して当たらない銃の特性に楽しさを見出しているからだろう。

しかし、今朝は小林さん、不調のようで結果が出せない。

「あれ…、ボク、やっちゃいました」

エアのポンピングを忘れてきたのだという。空気銃は圧縮したエアの力で弾を押し出す仕組み。圧縮不足ではまともに弾が飛ばない。マヌケだねとふたりで大笑いした。

こんな調子で1時間半の短い猟を終えたのだが、市街からさして遠くない里山をウロウロしていて、他の猟師はおろか、1台のクルマとも行き交わないのが驚きだった。人が暮らす場所は街へと移動し、人の手が入りにくくなった里山エリアで動物たちが過剰に増える。その一部を獲り、いただいた命をプロの包丁さばきで調理し、最高の状態で客に提供しようとする小林さんの方法は、地産地消とも言えるだろう。

小林シェフの快進撃が始まった！

初歩的ミスでいいとこなしに終わった出猟が悔しかったに違いない。翌日、目を覚ますと小林さんからLINEに写真が届いていた。おお、キジバトを仕留めている。さらに次の日にはキジバトが2羽並んだ写真。それに刺激され、単独猟に出てみるとキジバトもヒヨドリもいる。小林さんが朝イチで撃った後は猟師が来ていないのだろう。1羽だけ狙うことができたが、高低差の感覚がつかめず外してしまった。

しばらくして、今度は一緒に出猟。溜め池にカルガモがいたので小林さんに狙ってもらうことにした。この池は広く、常時鴨の群れがいる。ただ、猟場から遠い道路寄りに固まっているので、小林さんは撃たないと決めている。ここは大切な点だ。法律的にはＯＫであっても、銃を持った男がウロウロするのを好む人はいない。猟師は狩猟可能な野生動物を撃つことができるけれど、むやみに人を脅かす権利はない。だから、いくら獲物がいようと、そういう場所では撃たない。それは銃を持つことを許されている人のマナーであるとともに、通報されたりして貴重な猟場を失わないための方策でもある。

そして、今日のように奥まっていて道路から見えないところに鴨が寄っているときだけ撃たせてもらう。ちょうどいい場所に物置き小屋があり、身を隠しながら銃身も固定できるので獲物に感づかれにくい。めったに狙われないためか、そんなに警戒する様子もない。岸寄りだから回収も問題がなく、好条件が揃っていた。

「少し遠いかなあ。50メートル以上ありますよね」

中腰で銃を構えた小林さんが、スコープのどこに合わせるかで迷っている。ここから仕留めたこともあるが、そのときは距離が近かったという。ぼくの目には70メートル近くありそうに見えた。となると、少し上を狙う必要がある。自分の銃ではないので参考にしかならないが、頭の上10～15センチを狙う感じでいいんじゃないか。

新しい猟場を教わる。
松本「レストロリン＋８」ご主人小林さん。
店名に「トロ」が入っている!!
くうきがあっしゅくぶそくだね。
あれれ
あちゃー
Tomoleshi

ビシュ。鴨の手前に小さな水しぶきが上がる。左右も若干ズレたようだ。

小林さん、納得の表情で立ち上がった。しょっちゅうくる場所なのだから、今日の失敗が次回に活かせればいいのだ。

「そうか、なるほど」

鴨を撃ってもキジバトやヒヨドリ猟に影響しないのがこの猟場のいいところ。すぐにキジバトを発見した小林さんがクルマを飛び降り、木の幹にカラダを預けて銃身を安定させる。構えるまでのリズムがいいのでいけそうだと思ってみていたら、やっぱり当たった。

「よし！　お客さんからキジバト料理をリクエストされているのでホッとしました」

回収すると、しっかり急所をとらえていた。当たりさえすれば、1発の弾で獲物を仕留める空気銃は肉を傷めるリスクが小さく、鳥撃ちに最適なのである。

狩猟歴3年目の小林さんが順調に猟果を上げ、5年目の自分はさっぱり。腕の差がわかってコンプレックスが生じるのでは、と考える読者がいそうだが、そんなことはない。腕さえ上げれば、我が家の近所でサクッとキジバトが穫れるのだから、むしろ希望しかない。小林さんはここに通いつめてこんなに獲るようになった。ぼくも来シーズン、ここに通おう。キジバト猟はそんなに難しくないから、そのうち当たると思う。獲れたら解体して料理もしてみたい。

小林さんによれば、松本には他にもいい猟場があり、キジ撃ちもできるらしい。

「いつもの場所に獲物がいなければ、他の場所をパトロールして、いたら撃つ。出会えなくても楽しいし、朝撃ちが冬場の習慣になってきました。マガモがたまにいる溜め池があるんですよ、あそこは穴場だと思う。場所はですね…」

話が尽きない。店の定休日も猟を休まず、これ幸いと朝から夕方までやっているというから相当ハマっている。

「ありがたいことに、お客さんにも評判がいいんです」

そりゃそうだ。オーナー自ら出猟し、朝獲れの鳥を食べさせるんだから。

ぼくにとっても、地元に目が向くようになったのは今期の大収穫である。イベントで知り合った砂子さんや土田さんからも、来期は一緒にやりましょうと言ってもらえた。うーん、新展開の予感がしてきた。

これまでは師匠に頼りきりだったもんなあ。犀川流域の猟はロケーション最高で言うことなしだが、それしか知らないのは寂しいと思っていた。

ひと通り覚えたら師匠を松本に招待する。それが来期の目標だ。初めての猟場はいくつになっても新鮮で、難しければ難しいほど燃えるはず。松本の猟場を案内するのは、師匠への何よりの恩返しになるだろう。

7 貫禄のない還暦猟師

「千曲川の支流に、カルガモがたくさんいる場所があってね。なぜかその一角にマガモの小さな群れがいるのを、3年連続で見たんです。細い流れで、偶然見つけるような場所じゃないから、あそこを気に入ったマガモ一家が戻ってきているんだと思う。なぜそんなことができるのか。鳥ってすごいと思いませんか?」

軽トラで犀川沿いを流しながら師匠が言う。鴨のなかにはカルガモのように川や湖沼、水田などの水辺で周年棲息する種もいるが、マガモやコガモなど多くの種は冬鳥として〝来日〟する(北海道では繁殖するものもいる)。長野市周辺では、狩猟解禁日に見られるのはほとんどカルガモで、マガモは12月に入る頃から存在感を発揮。年末年始にかけて数を増やすのが相場となっている。シーズン初めにマガモが獲れたら、かなりラッキーなことなのだ。

冬鳥たちの居場所はなんとなく決まっているみたいで、ぼくが回収をミスった場所のようにコガモばかりいるところ、カルガモの群れが大威張りで泳いでいるところなど、覚えておくと狙い撃ちできる猟場もある。師匠が言うのは、そこにいる群れは去年もそこにいたのではないかということだ。千曲川支流にくるマガモが特殊なのではなく、冬鳥たちの多くは気に入った場所を覚え、遠く海を渡って戻ってくることができるのか。

「冬鳥は地球の磁力（地磁気）を感じるセンサー機能を持っていて、太陽の位置と体内時計で方向を見極めるとも言われます。でも、正確なところはいまだに解明されてないんですよ」

生まれつき持っているナビゲーションシステムを使って近くまで来たら、目視で地形を確認して、前に来た場所に舞い降りる。そして、冬の寒さが緩《ゆる》む頃、また海を渡って北に帰っていく。その繰り返し…のように見えて、狩猟をしていると小さな変化に気づくことがある。

師匠によく聞かされるのは、「数十年前は川面を埋め尽くすほどマガモの群れがいた」という逸話だ。いま、犀川で最も多いのは〝渡り〟をしないカルガモ。自分が非狩猟鳥なのを知っているかのごとく人の姿に動じないオオバンも増えているが、ぼくが狩猟を始める前にはほとんど見かけなかったそうだ。気候の変化で冬鳥に適さなくなってきたのか。いや、２年前くらいから姿を表すようになったハジロ類は冬鳥だからそうとも言い切れないか。じゃあ、体内ＧＰＳを駆使してここにやってきていたマガモたちは何処へ…。何も喋《しゃべ》らず、ただそこにいる鳥を見ているだけで話題が尽きないのである。

師匠のように生まれ育った地元を猟場にしている人は、その地域の〝定点ウォッチャー〟としての側面を持っている。里山地帯ではキジやヤマドリの話を通じて山あいの集落の歴史を語り、さらに奥へ入ればカモシカの生息エリアが話の種になる。生き物の話には、植物のことも、人びとの生活のことも関わってくる。狩猟をすることは、地域の変化を見逃さない観察力を磨くことでもあるのだ。

師匠と一緒にいると、その視点は自分にはなかったと気付いてハッとしたりする。時間の積み重ねで身についたものだから、真似することは難しい。でも、川や山で過ごす時間が増えるほど、ぼくの中にも何かが蓄積されつつはあるのだろう。先シーズンは実感できなかったことが今シーズンは理解でき、より一層楽しくなる。

たとえば、例年鴨が集まる場所が、今シーズンはさっぱりだとする。なぜなのか気になっても、これまでは何もしなかった。でも、いまは察しがつく。離れたところで行われた護岸工事で水の流れが微妙に変わり、居心地が悪くなったのだ。つまり、今後この場所は猟場にならない。では、鳥たちは代わりの場所をどこに定めたのか。探してみたら、昨年まで寄りつかなかったあたりに群れが発見できたりする。そんなとき、ぼくは自分の能力が（役には立たないが）少しアップしたのを実感するのだ。

これは一昨年あたりからツマの手伝いで参加している野菜づくりも一緒だ。土を触れば触るほど野菜が愛おしくなるだけでなく、やっていいこと、いけないことの区別ができるようになる。すると、熱意ってやつが芽生えてきて、真剣度が上がっていく。収穫が増えるとしたってわずかなもので、我が家で消費する分にも足りないのだが、そういうことではなくなってくるのだ。真剣にやったほうがおもしろいことに気づいてしまったのである。できなかったことができるようになり、わからなかったことがわかるようになる快感だ。趣味とはそういうものでありたい。

とまあ、若者のような感想を抱くぼくだが、じつはもうすぐ還暦を迎えるのである。ぼくが子どもの頃、60歳といったら仕事を引退し、縁側で友人と将棋を指している、暇を持て余したおじいさんのイメージだった。その年齢に自分がなるのである。

「あなたが還暦とはね」と母は言った

こいつは困ったことになったと思った。イメージ上のおじいさんと自分とのギャップがあまりに大きいのだ。

わかっている。60歳で定年といっても（昔は55歳定年だった）仕事を続ける人のほうが多いくらいだし、老け込む年齢ではない。59歳が60歳になったからといって急に体力が落ちるわけもないし、そうなったら大変だ。ぼくは46歳で親になった。娘は義務教育さえ終えていないのである。

「ワタシが20歳のとき66歳になってるの？　お父さん長生きしてね」

ほう、たまには殊勝なことを言うじゃないか。

「金が…。大学とか専門学校に行くには学費がかかるのです」

そこかい。

「まぁね。でもお母さん、定年になった男の人はやることなくてヒマするって何かで読んだけど、お父さんは狩猟があるから大丈夫だと思わない？」

「それはあるかも。全然獲れてないけど趣味があるのはいいよね。レベルアップしてるようには見えないけど」

何の慰めにもならないが、狩猟を始めていて良かったとは思う。やってみて、いくつになってからでも新しいことは始められるとわかったからだ。若い頃と違って世間の目も気にならなくなっているので、同年代猟師と自分を比べて落ち込むこともない。とくに鳥撃ちは個人で楽しむ要素が強いので、初級者は初級者なりに楽しむことができる。

「良かったじゃん。でも怪我だけは気をつけて。お父さんはちょっと天然？　ボケてるところがあるから、滑って川に落ちたりしそう」

かん-れき【還暦】
六十年で干支（えと）が
ひとまわりし、
生まれた年に
戻ること。
つまり
若返ろう
としとる
わけです
あっはっは
ポジティブですなー
カルガモ
マガモ
オオバン（非狩猟鳥）
キンクロハジロ
ハジロ類
ホシハジロ
キジ
tomokichi

娘よ、いくらなんでもそこまでは。なあ、そうだろう。

「十分ありそうだけど。そうなったらまずいよ。あなたカナヅチなんだから」

ツマも味方ではなかった。まあ仕方がない。いくら鳥撃ちの魅力を力説したって、猟果がなければ説得力が生まれないし、ぼくとしては家族から軽く扱われているほうが好都合なのである。

猟師になりたいと言い出したとき、家族は戸惑いを隠さなかった。家に銃があるなんて嫌だけど、どうしてもと言うのでしぶしぶ認めたのだ。そこで、狩猟を始めるにあたってぼくが心に決めたのは情報公開を徹底することだった。どこで誰とどんな猟をしたか。当たったか外したか。寒さはどうだったか。危険はなかったか。『八珍』にも一家で通い、師匠の人柄も知ってもらった。スキンヘッドの小島さんもいまでは我が家の有名人だ。

獲れないくせに嬉々として猟に出かけるのは、楽しいから。それさえ伝わっていれば家族は安心する。現場を見たことがなくても、だいたいの雰囲気がわかるので、ツマも娘も遠慮なく狩猟を話題にし、軽口を叩くことができるのだと思う。

ぼくは趣味らしいことを持たずに過ごしてきたので、50代後半から始まった新ジャンルの出来事にわくわくしっぱなしだ。憧れていたわけではなく、別の何かでもよかったが、いまとなっては狩猟がベストだったと思えなくもない。

年間3カ月しかできないのがいいのだ。飽きる間もなくシーズンが終わるとき、いつも「あと1カ月あれば」と未練を持つ。悔いを残して終わるから、つぎのシーズンが待ち遠しい。でも待機期間9カ月は長いため、他のことへも目が向く。いったん狩猟のことを忘れる期間があって、そこからまた気分が高まるので、毎シーズンが新しい。いいサイクルではないか。メリハリがあって、飽きっぽい性格でも続けていける趣味なのだ。ぼくにしては上々の選択だったと思う。

物書きとしては30年以上もやっているベテランで、夫としてかれこれ25年、親として約14年、そして猟師が5年。それが自分だ。

が、ぼくはひとつ数え忘れていたのである。誕生日の夜、九州にいる母が電話してきてこう言った。

「おめでとう。あなたが還暦とはね。なんか信じられない」

「おふくろも84歳になるんだから」

「そうなんだよねぇ。まあ健康に気をつけてがんばりなさい。ちゃんとご飯残さず食べてるの？」

60歳になったって、この人の前では貫禄ゼロ。いまだに心配でたまらない長男に過ぎないのである。

8 ヤマドリ猟のヒーローは誰だ!?

小堀さんの長野再訪が2月1日に決まった、と師匠から連絡が入った。すぐに『狩猟生活』のスーさんに連絡し、師匠&小島&小堀のヤマドリ猟頂上決戦開催が決定。

はたして仕留めるのは誰なのか。ヤマドリ猟は出会い系で、第一発見者になれるかどうかでおおよそ決まってしまうが、緊迫感があるほうがおもしろいので決戦ムードを煽《あお》ってみたのである。猟場の選定など、当日の幹事役は小島さん。また、地域おこし協力隊員として半年前から長野市民になり、小島さんの指導で狩猟見習い中のSSくんには全体のサポート役をお願いし、ぼくも名ばかりだがメンバーに加えてもらった。銃のバランスは、僕だけ空気銃で、他は散弾銃。5人の大所帯で鳥撃ちするのは初めてで、どういうことになるのだろうと興味津々だ。

市内のホテルに前泊して体調を整えた小堀さんとぼくが『八珍』前で集合すると、間もなく師匠が現れた。小島さんは朝からヤマドリがいそうな場所を下見しているらしい。

「しばらくかかりそうだから、待ってる間に鴨がいたら犀川で撃とうか」

師匠が鴨を下見に行き、午前8時半に犀川の猟場に向かった。途中で小島さんとSSくんも合流。スキンヘッドありヒゲ面ありの、猟師としか言いようのない格好をしたおっさん軍団が形成された。

この構成で理想的な撃ち方は、空気銃のぼくが1発撃って飛ばしたところを、それぞれが別の場所から狙うことだが、それができるほど大きな群れはいない。犀川では岸寄りの目立たない場所に隠れている鴨が多いので、空気銃の小さな音よりも散弾銃を撃って飛ばすほうが有効だ。

ドーン！　師匠の1発で鴨が飛び立つ。それを見て別の一群が飛ぶため、射撃のチャンスは時間差で何度かある。マガモとカルガモで計20羽はいただろう。

ただ、飛んだ方向が悪く、我々のいる場所とは逆サイドに一目散。計6発の銃声が響いたが、的中はなかった。師匠も小島さんも、まいったなと苦笑いしている。ぼくはこういう〝うまくいかなさ〟が鳥撃ちのいいところだと思う。人数をかければ数多く獲れるわけではない。かと思えば、たったひとりで何羽も撃ち落とせることもある。鴨がどの方角に飛ぶかは鴨自身が自由に決める。ベテラン猟師といえどもそこまで読みきれるものではなく、射程範囲にやってくるかどうかは運に任せるしかないのだ。

そんなことの連続で、さっぱり当たらない鴨撃ちに業を煮やし、早くヤマドリを探しに行こうと小島さんが言い出した。朝の見回りでは見かけることができなかったが、「あそこにいないわけがない」場所があるという。

「ずっと昔からいるところで、これまで数え切れないくらい獲ってきた。今シーズンもいくつか獲ったし、まだいるからSSには毎日でも見回りに行けっつってる。ヤマドリ獲ってみろって。1日に何度でも、暇さえあれば行けって。50回は見てるんじゃない。で、この前、一緒にいるときに出たんだよ」

ところがSSくん、絶好のチャンスにとっさの対応ができず、しびれを切らした小島さんが自分で仕留めたのだそうだ。

「とにかく動きが遅い。スーパースロー。それじゃ長すぎるからSSって呼んでる」

妙なアダ名だと思ったら、そういう意味だったのか。スーパースロー呼ばわりは可哀想だが、狩猟の場所から銃の扱い方、ナイフの使い方まで、物覚えの悪さをなじりつつ、弟子のように教えこむのが小島さん。口は悪いし現場じゃ鬼軍曹みたいだけれど、自ら志願してここへ来て、ジビエの加工場を作る計画に参加しようとしているSSくんへの、愛のあるシゴキなのだとぼくには思える。

待望のヤマドリ出現、獲ったのは誰？

いつものように雪道をゆっくり走り、ヤマドリとの出会いを待つ。足跡でもいいから手がかりがほしいところだが発見できない。こうなれば、クルマを降りて歩くまでか。我々には小島さんが連れてきた猟犬がいるのだ。

「いやいや、こいつは撮影モデルとして連れてきただけ。血統書付きのセッターなのに猟に興味がない。普通ならこんな場所でクルマから降りたら勇んで山に入っていくもんだけど、見てご覧よ。呑気な顔してるでしょ。ただの散歩だと思ってるんだ」

猟犬が当てにならないとなると、手分けしていそうな場所に入っていく方法しかない。小島さん、師匠、小堀さんが茂みに分け入り、犬が後からトコトコついていく。一方向を攻めるだけでは非効率的なので、サポート役のＳＳくんとぼくは、別ルートの沢を登っていくことになった。本命は茂みを登っていく道筋なのだ。もし、ぼくたちが発見したらＳＳくんが撃つことになるが、３人との距離はさほど離れていないので、飛んだところをベテラン勢が撃つことも可能である。

沢の上にある巨岩の先を合流地点とし、深い雪に阻まれつつ沢を登っていくと、右上のほうからヤマドリ特有のパサーパサーという羽音が聞こえた。姿は見えないけれど、やはりいるのだ。早く合流して、そのことを伝えなければ。

が、雪に足を取られた我々の歩みはノロい。しかも、どんどん急角度になり、崖でストップ。ＳＳくんは岩にしがみつくように前進していくが、不慣れなぼくは引き返すことにした。間もなくベテランチームも戻り、付近を捜索するも手がかりがつかめない。

羽音がしたということは、警戒して飛び去った可能性が高い。手練の３人をもってしても足跡ひとつ発見できないことからも、付近にはいないと考えていい。ここは、場所を変えるのが賢明だと思われる。

「少なくとも、ヤマドリを見つけるまでは、誰もやめようと言い出しそうにないですね。もちろん記事としてはそのほうがいいですけど、寒いね」

防寒具のファスナーを首まで上げながらスーさんが苦笑いしたが、男たちはカッカと血をたぎらせている。責任感の強い小島さんは、遊びはここまでと言わんばかりに犬をクルマに戻すし、師匠にも疲れの色はない。小堀さんなど、早くヤマドリに会いたくてウズウズしているのがわかる。会話はなくても心はひとつ。ヤマドリ出てこい、なのだ。

「こうなったらヤマひとつ獲るまで帰らないぞ！」

小島さんが宣言し、雪中行軍の覚悟を決めてクルマで移動中、先頭の小島カーが急停車した。

「いたな」

師匠も瞬時に反応し、銃に手を伸ばしたまま目を凝らす。後ろの小堀カーのドアもそっ

ホシはこの中にいる！
TOSHIFUMI KOJIMA
DAISUKE KOBORI
YUKIO MIYAZAWA
SS「SUPER SLOW」

とあいた。

「あ、動いた。小島が行くよ」

師匠と一緒にぼくも車外に出た。小堀さんもジッと事の成り行きを見つめている。ヤマドリは藪に潜んでじっとしている気配だが、そのうち飛び出してくる。そのときが勝負だ。小島さんはすでに銃を構え、ぼくたちが物音を立てても問題ないので、よく見えるところで待機しようとしたとき、ヤマドリの羽音がした。いまだ！

ドゥ。小島さんが銃を撃つ。しかし、さすがの名人もあせったのか、弾が逸れ、ヤマドリが飛び立った。

そのときだ。ワンテンポ遅れでやってきたＳＳくんが放った散弾が命中し、ヤマドリが雪の上に落下したのである。

「お見事！」

師匠が獲物に駆け寄る。弾は肩のあたりに命中していた。

「会心の一撃でしたね。ほぼ即死でしょう」

小堀さんがＳＳくんに拍手したが、本人はまだ実感がわかないのか、「撃ったら当たっちゃいました」とポカンとしている。その間に残りのメンバーは〝現場検証〟と内臓処理を進めた。

それにしても、まさかのSSくん初ゲットとは。これだから猟はおもしろい。

「もう弟子は卒業。明日からはひとりで猟に出ろよ」

小島さんが怒ったような口調で言ったが本音は違う。面倒を見ている若手が仕留めたことがうれしいのだ。その証拠に、SSくんに獲らせるために自分はわざと外したとか、いつもなら言いそうな捨て台詞が出てこない。それどころか「これでホッとした。スーさんにも面目が立ったし、昼飯でも食べに行こう」とゴキゲンそのものである。師匠や小堀さんも同じこと。本日のヒーローとなったSSくんに惜しみない賛辞を贈る。

「私は記念に尾羽根を1本貰うので、肉は北尾さんがもらってください」

え、ぼくにくれるの？　初ゲットしたヤマドリなんだから鍋でもすればいいのに、肉は小島さんにさんざん食べさせてもらっているのでいらないという。

「当たった瞬間の感動がなによりの褒美です。猟を始めて良かったと心から思いました」

夕方まで楽しく遊び、解散となった。来期もこのメンバーで出猟しようと声を掛け合って別れる。銃をしまえば、それぞれが勤め人や協力隊員、飲食店店主、ライターなど、いつもの顔に戻る。それを繰り返すうちに狩猟シーズンの3カ月が過ぎ、思い出にひたる間もなく春がやってくる。すると不思議なことに気持ちが切り替わり、こう思うのだ。

「ゴールデンウィークが終わったら、次のシーズンまで半年しかないぞ！」

9 町おこし協力隊員、夢を語る

今シーズン、先輩猟師の小島さんがいつも連れ歩いているのが、前項でヤマドリを獲ったSSくんこと、長野市の町おこし協力隊員・村松聡さん（39歳）。「要領が悪くて狩猟に向いてない」ということで小島さんはSS（スーパースローの略）とあだ名を付けたが、それもあんまりだと思う。ヤマドリ猟で認められ、SSを返上できて良かったなあ。

ともに出猟した仲間でもあるので、これからは村っちと呼ぶことにしたのだが、よく考えたら親しげに呼びかけるほど彼のことを知らない。ジビエ肉の加工場を作る計画があるから、将来的にはそこで働きたいと聞いた覚えがあるくらいだ。ほかには、しゅっちゅう『八珍』にくる小島さんが酒を飲んだときの運転手と、食べ残したツマミを胃袋に収める係。小島さん曰く「SSの取り柄？　そうだな、食うのが早いことだけ」…経歴も人柄もわからないよ！

情報不足もはなはだしい。町おこし協力隊員が何をしているかにも興味があるので、村っちの過去と現在、将来の野望を聞いてみることにした。

「生まれは東京なんです。実家は町田市で狩猟とは縁もゆかりもありません。大学卒業後は夢を追いかけて30歳まで実家にいました」

夢ってなんだ？

「俳優業ですね」

しれっと言われて吹き出した。村っち、役者志望だったのだ。といっても劇団で活動する舞台俳優ではなく、オーディションを受けてはドラマなどに出演のチャンスを伺っていたという。そんな人はゴマンといそうだなあ。

「ですよね。当時は本気のつもりでしたが、いま考えると俳優に憧れていただけかもしれません。大きなチャンスを掴《つか》むこともなく時間だけが流れていきました。あきらめて就職しろと親に言われても踏ん切りがつかなかった。30歳になって、このままじゃマズイと思って就職したのですが…」

短い人生、人に使われるより自分で何かを興したいと、数年間でやめてしまったという。実績もプランもないのにだ。ひどいなあ、ここまで。

「そうなんです。さすがに反省し、真剣に将来を考えるようになりました。自分は都会の暮らしに魅力を感じなかったので、自然に地方に目が向きます。そんなとき、愛媛県某市が募集していた地域おこし協力隊を知り、応募しました」

実家にいればつい親に甘えてしまうから、東京の外へ出て一から出直そう。それが動機のほとんどを占めていた。協力隊員としては何をするつもりだったのか。

「地域資源の発掘と産業化をテーマに、自分にできることを探そうという感じでした」

　ボンヤリしたテーマだなあ。

「正直言って、当時は3年間の任期のうちに何か見つかればいいやと考えていましたね。そこで出会ったのが野生動物による食害の深刻さ。ついに具体的なテーマを見つけたと手応えを感じました」

　ここで狩猟と出会うのだ。やる気になった村っちは、すぐに狩猟免許を取り、害獣駆除活動にも関わった。しかし、3年間は短い。猟師としても半人前、テーマの追求も思うように進まず、将来の展望までは開けないうちに任期が終わってしまった。それまでの村っちなら、あきらめて東京に戻るところである。でも、知らない土地で曲がりなりにもがんばったのだから、このままでは終わりたくない。

　追求したいテーマに合致する地域を探すと、長野市が中条地区に2019年開設予定のジビエ肉処理加工施設建設計画を進めていたので、迷わず隊員に応募した。村っちが特別ラッキーだったのではない。都市生活者にはピンとこないかもしれないが、高齢化による狩猟者減少を補う目的もあって、狩猟免許を所持する協力隊員を募集する自治体が増えているのだ。

ぼくも、これまでに奈良県五條市、島根県邑智郡美郷町《おおちぐんみさとちょう》、千葉県安房郡鋸南町《きょなんまち》の自治体を取材したが、どこも悩みは同じ。鹿やイノシシの食害が増えているのに、地域を被害から守るシステムが崩壊している。猟師を増やせと号令をかけてもうまくいかない。地域協力隊員への期待は大きいのである。

一方、隊員としては、給料が保証される3年間が過ぎてからも働ける環境がほしい。そこで自治体の中には、ジビエ肉を活用するために加工場を作ることで、協力隊員が働ける場を増やそうとする動きがある。

森林保護や農作物被害を減らすために駆除活動をし、畑に電子柵をめぐらせることも大切だが、守るばかりの施策では猟師は増えず、被害もそれほど減ってくれない。そこで、そういう活動と並行して、猟師が食べるほかは捨てられることが多かった肉を加工して販売しようとする動きが活発になっている。流通ルートを作ればベストだが、それが困難な場合にはレトルトカレーなどを商品開発して通販する。ふるさと納税の品目に加えて需要を増やす。いまのところはその程度だけれど、これ以上放ってはおけないという危機感は、かつてないほど高まっている。村っちが応募したのも、そうした案件のひとつだ。

愛媛県から長野県へ生活拠点は移ったが、地域資源の発掘と産業化というテーマはつながった。30代後半になり、腹をくくる気になったのか。

「それはありますね。それに、愛媛県ではうまくいきませんでしたが、駆除した肉を活かすことは意義があり、今度はもっと積極的に関わっていこうと思いました」

そこで出会ったのが強烈オヤジの小島さんだったのだ。

「家と職場の中間に小島さん宅があり、顔見知りになったんです。いまではしょっちゅうお邪魔させてもらっています。口は悪いけど優しい人ですね。射撃にしても解体にしても、腕が確かじゃないですか。猟に関してはキビシイけれど勉強になってありがたいです」

はたからは小島流のシゴキにあって大変そうに見えていたけど、本人はそうでもないらしい。いい指導者と知り合えなかった前職と比べたら、くっついて歩くだけで現場体験を積み重ねられるので御の字だという。

そこまで聞いて、村っちの気持ちが理解できた。小島さんは先輩猟師であるだけでなく、赴任してきた土地に開いた窓みたいな存在なのだ。

他所からきた人間がもっとも必要とするのは、技術より何より地元の人とのつながりである。僕も移住者だからその点はよくわかる。右も左もわからない状態ではどう動いたらいいか見当がつかず、たとえ力があっても発揮しづらい。

希望に満ちて移住した人が、短期間であえなく引き上げてしまう理由のひとつは、地域の人と馴染めないこと。逆に、この関門さえクリアすれば、目的とヤル気のある移住者は

村ちの町おこし。
「村おこし」じゃないのがポイントだ。
そうかなあ
オレの獲物弟子だぞ
しか

のびのびと力を発揮できるようになると思う。

村っちの現状はどうだろうか。

「初年度なので狩猟の場数を踏み、被害の様子や解体の基礎を学んでいるところです。給料をいただきながら猟ができていいなと冷やかされますが、自分としては施設の完成までに腕を上げておきたいので必死なんですよ」

駆除活動は年間を通じて行われるので、できるかぎり参加するつもりだという。でも、その目的は一流の猟師になることではない。処理加工施設のスタッフとなり、産業化に貢献したいのだ。そうなるためには狩猟の現場に詳しくないと話にならないし、射撃だってそれなりにこなせないと猟師と対等に口がきけない。解体に関しては、それこそプロ並みの技量が欲しい。その意味でも、失敗したら本気で怒る小島さんは得難い存在。授業料を払ってもいいくらいだ。

「能力のあるスタッフは、狩猟のこともひと通りわかっているべきだと思います。3年かけて腕を磨いたら、自然と狩猟の腕も上がっていたというのが理想ですね。あとは企画力も身に付けたいです。加工場は各地で作ってますから、特徴を打ち出したい」

ただ肉を販売するのではなく、イノシシの骨なども活用できるのではないか。鹿の皮はどうだろう。雇用を生み出せれば、過疎化に歯止めをかける一助となれるかもしれない。

村っちは3年間の短さを体験済み。おっとり構えている時間などないと言い切る。狩猟シーズンが終わっても、駆除活動には年間を通じて参加できる。冬季以外の肉質も比較することができるだろう。駆け出しの村っちにとってはすべての経験が養分になっていくはずである。

ヤル気になってるねえ。さては、いずれ施設の所長に…。

「何を言い出すんですか。それより、施設を軌道に乗せることで頭がいっぱいです。長野市の補助は稼働後5年間だけ。以後は各地域が自力で運営する決まりなんですよ」

もうじき40歳の節目。ここ中条で、地に足をつけ、自分らしい人生を歩み出したい。その意気込みや良し、である。

話を聞いたのは支所の応接室だった。外に出かけていることが多いが、事務仕事をすることもあるという。

「協力隊員はもう1名いますが、その方は別の仕事をしているので、狩猟関係は私だけですね。完全に浮いていています」

試しにデスク前に座ってもらった。パソコンと向き合う作業着姿の村っち。じつに似合っていない。

でも、やるしかないのだ。がんばれ村っち！

10 サル観光とサル騒動

スキーシーズンまっ盛りなので、我が家の3人と、東京からきたツマの友人母子の計5人で志賀高原へでかけた。なぜ志賀にしたかというと、地獄谷のスノーモンキーを見たいとリクエストされたからである。温泉に浸かる猿たちが外国人旅行者の間で評判になり、いまや県内有数の観光スポットになっているという。

往復3キロのぬかるんだ道も何のその、地獄谷は観光客で賑わっていた。噂に違わず外国人の姿が多く、ほぼ全員がスマホで写真を撮っている。SNSに投稿したら大受けするんだろうな。

温かい日だったせいか湯に浸かる姿は一瞬しか見ることができなかったが、人を怖がる様子もなく自由自在に動き回る猿たちは愛嬌たっぷり。中学生の娘たちはもちろん、ツマとその友人までもが「かわいい」を連発する。

ぼくとしては複雑な気分だ。猿が雪の中で「いい湯だな」する姿がユーモラスで評判になるのはわかる。スタッフが投げ与えた食べ物を取りに行かせることでアクロバティックな動きを楽しんでもらおうとすることに目くじらを立てるつもりもない。観光事業としてはアリだと思う。しかし、猿はかわいいだけではないのだ。

ＮＰＯ法人『里地里山問題研究所』が発表している野生哺乳類の農作物被害調査によると、２０１６年度にニホンザルがもたらした被害額は約13億円。これは鹿（76億円）、イノシシ（55億円）に次ぐ、ワースト3となっている。県別では山口県、三重県に次ぐ第3位に長野県の被害が多い（９９００万円）。害獣と聞くと鹿、イノシシを思い浮かべてしまうけれど、猿による食害だって問題化しているのだ。

「ふーん、じゃあここの猿も害獣？」

いい質問だ。ツマよ、ぼくはこう思う。鹿だってイノシシだってもともと害獣ってわけではない。被害をもたらすからそのように呼ばれているだけ。数が減って被害が収まったら害獣扱いされなくなる。

「ワタシは猿を害獣とは思いません」

娘は猿に好感を抱いているようだ。幼い頃、猿の歌をよく歌っていたからか。

「あれはアイアイという動物の歌です」

そうか。でもみんな聞いてくれ。農家の人に聞いたところでは、猿は群れでやってきて、一夜で作物を食い荒らすらしいのだ。イノシシも嫌われているけど、せいぜい親子2頭できて、畝のひとつかふたつを荒らしたら帰る。猿のほうが畑を壊滅状態にしてしまうし、知能も高い。おまけに姿かたちが人間に近いため、猟師も撃ちたがらない。そうしたこともあって、近い将来は猿の被害がクローズアップされると言う人もいるんだよ。

…誰も聞いちゃいなかった。

「わかったから、そろそろ宿に行こうよ。飲んで食べて明日はスキーだ」

ツマもまったく関心を示さない。スノーモンキーを見に来て猿の被害を語るなんてヤボだったか。

ツマ、身を持って猿の被害を知る

ところが、先のことはわからない。その数時間後、ツマたちは知能の高さ、大胆さなど、猿の被害に手を焼く人たちの気持ちを思い知ることになったのだ。

宿の部屋割りは、子どもたちとツマたちがそれぞれツイン、ぼくがシングル。風邪気味だったぼくが部屋で昼寝をしていると、娘に叩き起こされた。

「お母さんたちの部屋に…、泥棒が入った!」

は?

「だから猿がね、猿がね、おやつに買ってきた歌舞伎揚げを」

言いながら娘が笑い転げる。泥棒って猿のことか。

事の発端は、先に風呂に入ったツマが、友人の入浴中、部屋の窓を少し開けたまま仮眠したことにあるらしい。物音に目覚めると、室内に猿が1匹いてチョコレートを食べていたという。

「ビックリしたけど、猿も人がいるとは思わなかったみたいで一瞬固まってた。目があっちゃってさ、私も怖くて声が出なかったよ」

猿が慌てて窓から逃げていった後、ツマは隣室の娘にそれを報告。で、部屋に戻ると…。

「さっきの猿がきてたんだよ。あいつ、逃げたふりして窓の外にいたのよ。で、チョコを袋ごと持っていったの。どうしても食べたかったんだろうね」

宿の外でも姿は見かけたし、入り口にも〈ドアを締めてください。猿が入ってきます〉と貼り紙があったのに、なぜ窓を閉めないのだと思わざるを得ないが、動転していて気が回らなかったという。

でもまあ、これだけなら笑い話の範疇《はんちゅう》である。しかし、これで終わりではない。部屋に戻ってきた友人にひとしきり話し、気分直しにビールでも飲もうとラウンジに下りたのだ。もちろん窓は閉めてきた。

と、他の客が歌舞伎揚げの袋を持っている猿に気がついたという。呑気なツマはそれを見て「ウチもさっきチョコを盗られたんですよ」と笑っていたのだが…。もう察しがつくだろう。猿が持っていた歌舞伎揚げはツマたちの部屋にあったものだったのだ。

「ほかにも小さなビンを持った猿がいて、あれってビタミン剤か何かじゃないの、なんて言ってたの。そしたらさ、それも私達の部屋から持ち出したやつだったの」

呆れて聞いていると、友人が話を引き継いだ。

「その頃は私たち、もう酔っぱらいだから頭が働かないわけ。おもしろいねって他人事みたいに受けてたんだよね。あのとき気づいていたら、何もあそこまで」

ラウンジで飲んでいたのは約1時間。部屋に戻ったツマたちを待っていたのは、食べ散らかされたおやつ類の包み紙と、下着まで引っ張り出されたバッグのそばでくつろぐ2匹の猿だった。

「あいつら、窓の開け方知ってるの」

地獄谷で知能の高さを絶賛していたばかりなのに、鍵をかけずにいたのだ。我がツマは猿以下なのかと疑わずにいられない。

「とにかく腹が立つわけ」

友人が猿の泥棒ぶりに話を戻した。

あるときは
温泉を
たのしみ
またあるときは
おやつを
ほおばる。
悠々自適か。
おきらく
ごくらく

「バッグを丁寧に開けて、全部調べていったのよ。東京からわざわざ持ってきた最中《もなか》なんて、包み紙についたアンコを舐《な》め取った形跡がある。長野駅で買って夜食にしようと楽しみにしてたくるみ柚餅子《ゆべし》でしょ、歌舞伎揚げでしょ、チョコでしょ、コーヒーでしょ。みんな食べたり持っていかれちゃった。猿の食害、恐るべしだわ」

猿たちのパーティーだ。おいしいものがたくさんあって、盛り上がったことだろう。

「ママ、歌舞伎揚げ持った猿を見たのに、どうして気づけなかったんだろう」

友人の娘には、この騒ぎが奇妙に見えて仕方がないようだが、スノーモンキーを見てきたことが関係したかもしれない。猿はかわいい、猿は怖くないと刷り込まれ、警戒心がゼロになっていたに違いない。

「それはあったかな。あの歌舞伎揚げ…いまさら遅いわね。ママの負けよ」

「あと、ビタミン剤もでしょ」

「でも、あんなのどうするんだろう。フタ開けて食べちゃうのかな、子猿だったよ」

「私は子猿が死んでも同情しない。だって、シーツの上にも猿の足跡が一杯で、しかもあいつらときたら」

ツマが興奮して立ち上がった。

「ウンコまで残していったんだよ。しかも数カ所に。許せん！」

事態は、宿の人に事情を伝え、シーツを取り替えてもらって収まったが、怒りが冷めやらぬツマたちに、スタッフは「これくらいで済んで良かったですね」と言ったという。その晩はおのずと猿の話題になったが、昼間とは打って変わって、ツマたちがぼくの話に耳を傾けたのは言うまでもない。

翌日、ぼくと子どもたちがスキーをしていると、スノートレッキングに出かけていたツマと友人が新情報を持ってきた。ガイドの女性に泥棒猿の話をしたところ、志賀高原一体は猿が多いと教えられたそうだ。

「昔は〝猿屋〟というのがあって、このあたりでは猿の肉を食べる文化があったんだって。でも、それもいまは廃れ、野放し状態に近くなってるって言ってた」

猿をどうやって食べるのだろう。焼肉だろうか。冬場は鍋にしたのかと考えていたら猿がそばへ寄ってきた。屋根にもたくさんいて、隙を窺《うかが》っているようにも見える。

「あ、あの子猿、昨日の犯人じゃない？　チョコを返せと言いたい」

「最中とくるみ柚餅子も返せと言いたい」

このふたり、二度とスノーモンキーを「かわいい」とは言わないと思う。

11 狩猟最終日〜ぬかるみで迎えた日没

今シーズンも3カ月の狩猟期間が瞬く間に過ぎた。2月15日の最終日は、店が定休日の宮澤師匠とふたり、日の出から日没までめいっぱい猟をしようと計画。最後の総点検みたいな気分で、犀川沿いの鴨の入る場所を入念に見ていった。

川沿いから林道へ、師匠の軽トラが軽快に走る。動物たちの足跡を探す手がかりとなり、ヤマドリ猟では深みにハマって手を焼いた雪も少なくなった。例年、最終日はドカ雪になりがち。こうして出猟できただけでもありがたいのだ。

気まぐれな鴨たちは、いると思った場所にいないかと思えば、予想外のところに現れたりして、こちらの目論見をはぐらかす。そのたびに、狙えるか狙えないか、狙うとしたらどう攻めるかを話し合うのだが、なかなかチャンスは訪れない。今シーズンは発砲に至らないケースが多く、さっぱり弾が減らなかった。

鴨に感づかれて逃げられるのは自分のせいだが、的中しそうにない射撃のときは自重し、次回に望みをつなぐ。辛抱がきくようになってきたのは進歩だと自分では思っている。来シーズンはきっといいことがあるだろう。

それでも5カ所、10カ所と回るうちに鴨の群れに遭遇できた。また、今シーズン一度も見かけなかったキジもついに発見。

「そっと近づけば、林の手前から撃てますよ」

ぼくは今シーズンの目標をキジ撃ちに置いていたのだ。最後にこんなチャンスがくるなんてツキがある。銃を担ぎ、中腰になって藪まで歩いた。師匠が指し示すあたりを覗《のぞ》いてみるが、銃を構える頃には異変を察知したキジが動き、藪に入られてしまった。う〜ん、残念。

「いいんですよ。やってみて、キジがどの程度敏感なのかわかったでしょ。必要なのは場数。次に会ったとき、いまの経験が役に立ちます」

午後からは千曲川流域に猟場を移し、細い支流まで見て回ったが、鴨との出会いがない。いったん休憩。師匠の知り合いの店を訪ねてコーヒーブレイクを取る。

このまま日没になるのもやむなしか。そんな話をしながら本流に戻ったところで、切望していたマガモの群れが視界に入った。いるなんてもんじゃない。ふたりで撃つのがもったいないほどの大群だ。

こうなると逆に攻めにくい。なにがなんでも獲りたいのなら、バッと飛び出して師匠の散弾銃で水面にいる鴨を撃てばいいけど、そんな狩猟はつまらない。散弾銃でしたいことは、飛んでいる鴨を撃ち落とすことなのだ。師匠ひとりで鴨撃ちに行ったとき、群れを飛ばすつもりで水面と同じ高さで撃ち、飛んだところを仕留めて池を見たら鴨がいくつも浮いていて、1カ所で5羽獲れたことがある。でも、どこかきまりが悪そうなのは、いい射撃ではなかった、勝負をせずに獲っちゃった感じがするからだ。

それに、ぼくも出番が欲しいではないか。コンビ撃ち、行ってみよう。この場合、ぼくが川上のほうから接近して撃ち、飛んだところを師匠が仕留めるのが最善の策だ。

「どうだろう、撃てるところに飛んでくるかどうか五分五分だな。準備しておくからじっくり狙っていいですよ」

広い河原には木がたくさんあって隠れやすい。うまく距離を縮め、土が盛り上がっている場所で身を伏せた。そこからの数歩分は時間をかけて移動。スコープを覗くと50メートル以内に数羽いて、どれでも狙える。難点は回収。当たった場合は川の中央に向かって流れていきそうだ。もっと近くにいないのか。

じっとしていると3羽のマガモがいい距離に来た。青首を狙って発射。う、かすめて後方で水がハネてしまった。驚き羽ばたく鴨たち。頼むから師匠の待つ方向に飛んでくれ。

ババババッ。騒音のような羽音を立てて一斉に鴨が飛び立つ。見えていた以上にいたようだ。すごい。どうしてここに大集合していたのだろう。

まっすぐに水の上を飛びトップスピードに乗る一群がいるかと思えば、途中で旋回して逆方向に逃げ去る群れもいる。時間差攻撃のように、つぎからつぎへとそれが繰り返される圧巻の光景だ。その数、３００はいただろうか。

ドーン、ドドーン。銃声が響いたが、大群が飛んでいったのは水面の上。しかも急上昇したので適距離じゃない。あんなにいたのに、河原の上を飛ばないのは敵ながらアッパレと言うしかない。

全部飛んだとは限らなかった。一部が残っているのはよくあることなのだ。かすかな期待を抱き銃を構えたままで待つこと数十秒。1羽のヒドリガモが射程内に入った。マガモよりやや小柄で栗色の顔と黒白の尻尾。オスだ。距離は30メートルか。

パシュ。スコープの中で鴨がのけぞるのが見えた。的中だ。一度潜ったのでヒヤッとしたが、すぐに浮き上がり、もう動かない。よーし！

「こっちはいい角度に来なくてダメでした。北尾さんおめでとう、見えましたよ」

昨年同様、シーズン最終日で当てることができ、素直に嬉しい。

「それにしてもすごい大群でした。犀川では減ったと思っていたけど、いるところにはいるんだね。狩猟歴45年になるけど、これほどの群れを見たのは初めてじゃないかな」

的中のなかった師匠が満足気なのは、年々減っていると思っていたマガモが、ちゃんと飛来してきていることを確認できたからだという。来シーズンは千曲川への出猟回数を増やすことになるだろう。下見して、撃つ場所を研究しておけばきっと獲れる。

マンガみたいな冬の夕暮れ

「もう一丁できそうだね。浅川が千曲川に合流するあたりにもよくいるから、そこを見て終わりにしようか」

望むところだ。もう一度師匠とのコンビ撃ちを決めて締めくくりとしたい。

しかし、そうはならなかったのである。いや、鳥はいたのだ。コガモとカルガモが数羽、のんびり水に浮かんでいた。しかも、鳥に察知されることなくクルマで接近できるときている。

「これは絶好だね。ここからりんご畑に降りると、千曲川の手前までクルマで行けるんですよ。薮もあるし鳥からは見えにくいでしょ。うまくいけば2羽獲れるよ」

それは、ぼくが空気銃で1羽、師匠が散弾銃で1羽ということなのかな。

「ぜひ当ててください。外したらボクが2羽獲ります」

ぼくたちはゴキゲンだった。邪魔の入らないここは、シーズンの最後にふさわしい。作

沈む太陽、
沈む軽トラ。
そして男の猟期は終わった。
ECO EXPERT
あははははは
ずぶぶ
T.mokichi

戦もすぐ決まった。ぼくが藪の切れ目から撃ち、少し離れたところにいる師匠が鴨が高度を上げる前に仕留めるのだ。川幅が細いため回収ミスの心配もなく、すべての条件が整っている。ところが…。

「あれ、これはマズいぞ」

なんと、軽トラがぬかるみにハマって動かなくなってしまったのである。ギリギリまで獲物に近づこうとしたのが裏目に出た。

前進は不可能なので、太い枝を探してぬかるみの中へどんどん放り込む。が、泥だらけになりながらバックで脱出を試みるも、あせればあせるほどますます深みにハマってしまう。猟どころではないのだ。

10メートル先の川面にいた鴨が、からかうように羽ばたきして去っていく。ため息をついてそれを見送る師匠とぼく。そして訪れる日没タイム。時間切れ。まるでマンガのワンシーンである。あまりにマヌケな展開に、ふたりで笑い合うしかないのだった。

「どうにもこうにもならないな。自力じゃ無理だ」

ロードサービス会社に電話し、救援を求めたが、今度は場所がうまく説明できない。

「○○橋の近くなんだけど、目印がないんだよね。住所もわからない。川のそばにいるんだよ。とにかく来てみて、わからなくなったら電話ください。どのくらい時間かかるかな。

30分。はいわかりました」

日が暮れた途端にシンシンと冷えてきた。真っ暗な畑道。クルマのライトだけが光源だ。ヒマなので川を覗くと鳥の影が見えた。ぼくたちが何もしないと踏んで戻ってきたんだな。そう、もう撃たない。猟期は終わったのだ。

何度かやり取りして、ロードサービス車が到着したのは40分後。泥でぐちゃぐちゃになっているぼくたちを見て、スタッフは「どうしましたか」と怪訝《けげん》な顔をした。真冬にこんなところから救援を求めたので、怪しんでいるのだ。

プロの技は頼もしく、到着後15分でぬかるみを抜けることができた。３００羽のマガモの群れもキャリア初なら、ぬかるみにハマって日没を迎えたのも初めてだと、帰り道も爆笑が止まらない。

「最後の最後にこんなことになっちゃって申し訳ない。なにはともあれ、めいっぱい遊んだね。今シーズンもお疲れ様でした」

師匠とふたり、為す術もなく迎えたシーズンの終わり。悔しいけれど、いつの日かそれも〝とっておきの失敗談〟となっていくに違いない。

12 シメの儀式は銃砲一斉検査

猟期が終わると気が抜ける。ガッカリするのは朝起きたときだ。目覚めて時計を見たら午前6時。うわ、いけない遅刻だ、などと思ってしまうのである。つぎの瞬間、もう猟期じゃないことを思い出すと虚しい気分に襲われてしまう。

時間もやや持て余し気味になる。狩猟に使っていた時間を何に当てるか考えても、表はまだ寒く、畑仕事が始まるのは2カ月後。日帰り温泉に行くくらいのものだ。

だが、山から銃声が消えるのはもう少し先のこと。ぼくは参加していないが、長野県では狩猟期間終了後1カ月間、害獣駆除活動が盛んに行われ、人によっては狩猟期間以上に忙しくなる。

警察署からのハガキが届くのは駆除活動も終わった3月終わり頃。年に一度、春に行われる銃砲一斉検査の通知である。この検査を無事終えて、ようやく（銃を使う）シーズンは終わりを告げるのだ。

ぼくはこの検査が好きで、平日開催に文句を言いつつ、毎年楽しみにしている。銃の扱いには気を使っているつもりでも、出猟のたびに触ったり撃ったりする猟師にとって、銃は狩りの道具。ルールを守ることとは別のところで、畏怖する気持ちが薄れてくるのだ。

怖がりなぼくは、シーズンを前に射撃練習をするときなど、周囲がいらつくほど慎重に銃を操作する。所持しているのはウェブリーFX2000（スウェーデン製）。火薬を使わない空気銃は散弾銃に比べて安全な気もするが、それでも万一の暴発が怖い。壊れてないという保証もない。完璧に作動するかどうか、何発か撃ってみるまで信用出来ないのである。

それなのにどうだ。シーズン・インして1カ月もすると万一を疑う気持ちは消え、信頼できる相棒がそばにいるような錯覚に陥ってしまう。怖さに慣れ、怖さを忘れるのだ。そして、最後の出猟を終えてガンロッカーに鍵をかけると、つぎのシーズンまで出番はない。

銃砲一斉検査は、そんなたるんだ気持ちを現実に引き戻してくれる儀式。まず、会場が警察署なのがいい（松本市の場合）。こともあろうに、銃を持って警察署に乗り込むのである。悪いことをしていなくても緊張するのだ。

届いたハガキを受付で渡して会場入り。このときがまたいい。警官の柔和な顔は表面的なもので目は笑っていない。長野県は狩猟が盛んな地域だと思うけれど、警官から見たら銃を持った危険な連中である。何かの事情でおかしくなった猟師が、いつ攻撃を仕掛けても対処できる態勢でいるのは正しい。

検査では、違法な改造をしていないか、猟銃についてはシーズン中何発撃ったかまで厳しくチェックされる。長さとか、しっかりメジャーで測るので、勝手にいじったら即バレてしまうだろう。面接で「アルコール中毒ではないですか」などと聞くのは、「はい」と答える猟師がいるはずないので愚問だと思うが、最大の目的は不正な銃を見つけることと「誰が・どの種類の銃を・何丁」所持しているかを確認することだろうから、それ以外は形式的なのだ。

混雑具合は時間帯で異なり、朝イチがもっともにぎわう。それを承知で朝から行きたくなるのは、見どころ満載だからである。ぼくが注目してしまうのは以下の3タイプだ。

・多数所持者

もっとも好きなタイプ。道具自慢というか、何丁もの銃ケースを抱えてやってくる。散弾銃2、ライフル2、空気銃で計5丁とか。そういう人が両肩に2丁、両手で3丁抱えて列に並んでいると、そばまで見に行ってしまう。空気銃を使う人でも、標準は3丁（散弾銃とライフル）だろうから、銃そのものが好きなのであろう。使い込まれて傷のついた銃はメインで使われているもの、装飾の施された銃はコレクション用とか、用途がだいたいわかるのだ。ただ、この人は猟がうまそうだと思わせるのは、よく手入れされた1、2丁を抱きかかえるように持つ人だと思う。

・やたらと顔が広い

来る人と挨拶するのに忙しく、検査が終わってもなかなか立ち去らない。こういうタイプにとって検査場は社交場だ。ずっと話をしていて、内容は猟と関係なかったりする。銃は2丁程度所有。猟友会のトップとかだろうか。しかし、だからといって普段見かけないぼくには絶対に話しかけてこないのだ。饒舌《じょうぜつ》なのは仲間内限定。ちなみに、ぼくはほかの人から話しかけられることもまずなくて、検査の間寂しい思いをしている。

・警察嫌い

ひとこと言いたいタイプである。検査の日程がよくない、段取りが悪くて時間がかかる、口のきき方がぞんざいだ、銃のことを何も知らないなど、文句ばかり言う。うるさいなと思うが、ときには鋭い指摘をするので嫌いにはなれない。警官と話すことなど普段ないので、こういうときを利用して、自分の意見を伝えるのはアリだと思う。ただ、このタイプの話はくどい。じつは警官が好きなのではないか。

さて、ぼくの番がきた。銃を見せ、長さなどチェックを済ませたら面接。海外旅行の入国審査のように、猟師にとってのパスポートである『猟銃・空気銃所持許可証』を見せる。

「あ、空気銃なんですね」

毎年、空気銃1丁のみだとわかると、警官は取るに足らない相手という表情を見せる。

「どうでしたか、今期は」

「2羽ですね」

「鳥ですか。大物はやらない？」

「一切やりません」

「わかりました。もういいですよ」

あっけないのだ。ぼくだって銃の所持者、何か少しは疑う素振りをみせてほしい。

猟師は肩身が狭くてちょうどいい

このところ、アメリカで乱射事件が増えていると報道されているが、過去において、日本は先進国を除く国で突出して多くの銃を所持していたのをご存知だろうか？

日本に銃が伝来したのは16世紀前半のこと。種子島に漂着した中国船に乗っていたポルトガル人が所持していた火縄銃と弾薬が最初とされる。領主の種子島時尭《ときたか》は、この新しい武器に目をつけ、作り方を研究。１５４９年には、当時16歳だった織田信長が５００丁の種子島銃を注文した史実が残っている。

家康公の判断。
一六〇七
鉄砲鍛冶を規制。
許可なく
製造することを
禁じた。
当たらなくても銃は銃!!
心して扱わねば。
当てようや。
FIELD EXPERT
tomokichi

戦国時代になると銃は急速に全国に普及し、戦《いくさ》に欠かせない武器となっていった。『鉄砲を捨てた日本人』（ノエル・ペリン著）には、信長が武田の誇る騎馬隊に勝利を収めて以降の半世紀が〈火器の使用が日本で最高潮に達した時代〉だったと記されている。

でも、その後は銃を使うことが減っていく。関白太政大臣《かんぱくだじょうだいじん》となった豊臣秀吉の鉄砲統制は、民衆から武器を取り上げる口実にすぎなかったが、徳川家康によって幕府の許可を受けずに銃を作ることが禁じられたのだ。そして、その統制は江戸時代の最後まで継続された。家康は銃の威力をよく知っていたから、各大名や民衆に武力を持たせかねない銃を野放しにできないと考えたのだろう。

この政策はずばり的中。１６３７年の島原の乱で、反乱軍が大量の銃を用いたのを最後に、大掛かりな銃撃戦は終わりを告げた。17世紀後半からは生産量も激減。その頃にはピストルも伝わっていたが、普及することさえなかった。

権力者が自分たちを守るために行ったことだとしても、銃という武器が定着することを防いだ功績は大きい。比較的平和な世の中が続いたおかげで、明治維新以後、武士がいなくなって刀を帯同する伝統が消えても、代わりに銃を、とはならなかったのだから。

もし、戦国時代の勢いで銃が使われていたら、いまごろはどうなっていたか、想像するだけで身の毛がよだつ。銃乱射事件がひんぱんに発生する国は、この日本だったかもしれないのである。家康、ナイスジャッジ！

空気銃を所持しているぼくは、知人たちから「危ないね」とか「野蛮だね」とよく言われる。そんなとき、趣味としての狩猟をしている自分は仕方ないとしても、農作物を守るため、害獣駆除のため、やむなく銃を使う猟師もいるのだと反論したくなる。放っておけば、野生動物によって急速に荒れ果ててしまいかねない山や、農作物被害が増すばかりの里山。猟師には、わなや銃を使って、鹿やイノシシの数を調整することによって、自然界と人間界のバランスを維持する役割だってあるんだぞ、と。

でも、そのたびに思い直すのだ。野生動物の被害や狩猟の必要性を知らしめることも大切だが、大多数の国民が銃＝危険という感覚を持っているのは、なんて素晴らしいことだろう。銃という強力な武器を、その威力を知っているからこそ一般に普及させてこなかったのは、なんて賢い判断だろう。

猟師が大威張りで野山を闊歩する世の中より、期間限定で猟を〝させてもらう〟世の中のほうが、はるかに健全に決まっているではないか。猟師は少々肩身が狭いくらいでちょうどいい。

ぼくたち狩猟者は、一般人としては例外的に、安全かつ慎重に取り扱うことを条件に所持を許されている。そのことを肝に銘じ、来期以降も狩猟を楽しんでいこう。

北尾家のジビエ料理ざっくりレシピ

キジの焼き鳥

キジをジューシーに焼き上げるコツは、湯（面倒なら水でも可）をひとまわし注ぎ入れて蒸し焼きにすること。

味付けは塩コショウだけ。鶏肉などにも応用でき、自宅でおいしい焼き鳥を食べられる。

材料（3～4人前）
キジ肉　1羽
塩、コショウ　適量

1　フライパンを熱し薄く油を敷く
2　カットしたキジ肉を入れ、湯（水）をひとまわし
3　竹串で火の通りを確認し、塩、こしょうで味付け

鴨のロースト（バルサミコソース）

北尾家では鴨は鍋にすることが多いが、人を招くときはローストにしている。簡単なのに本格風なジビエ料理になるのだ。とくに酒好きに評判がいい。

材料（２～３人前）	
鴨肉	200グラム
塩麹	適量
塩、コショウ	適量
〔ソース〕	
赤ワイン	大さじ２
バルサミコ酢	大さじ１
しょうゆ、はちみつ	適量

1　鴨に塩麹を塗りつけ数時間置いておく
2　皮に切込みを入れ、軽くこしょうを振り、フライパンで焼く
3　皮がカリカリになり、全体に焼き色がついたら火から下ろす
4　アルミホイルで包み、火が通るまで放置
5　フライパンにソーズの材料を入れて煮詰める
6　切って皿に盛った肉にソースをかけて完成

鹿背ロースのたたき

鹿肉の最高峰は背ロースというのが猟師の一致した意見。たたきで味わうのが定番の食べ方だ。
刺し身で食べる方法もあるが、生肉は万一のことがあるので軽く火を通すほうが安心。

材料（２～３人前）
鹿背ロース　400g
にんにく　１～２片
サラダ油　大さじ１～２
塩、コショウ　適量
しょうゆ　少々
ネギ、生姜など　適宜

1　塩とこしょうを肉にすり込み、１時間くらいなじませる
2　サラダ油でニンニクを炒め（弱火）、きつね色になったら取り出す
3　強火にして肉をひっくり返しながら表面を焼く
4　氷水に浸して粗熱を取り、キッチンペーパーで拭き取る
5　５ミリ程度にカットし、ネギを散らし、生じょうゆで食べる

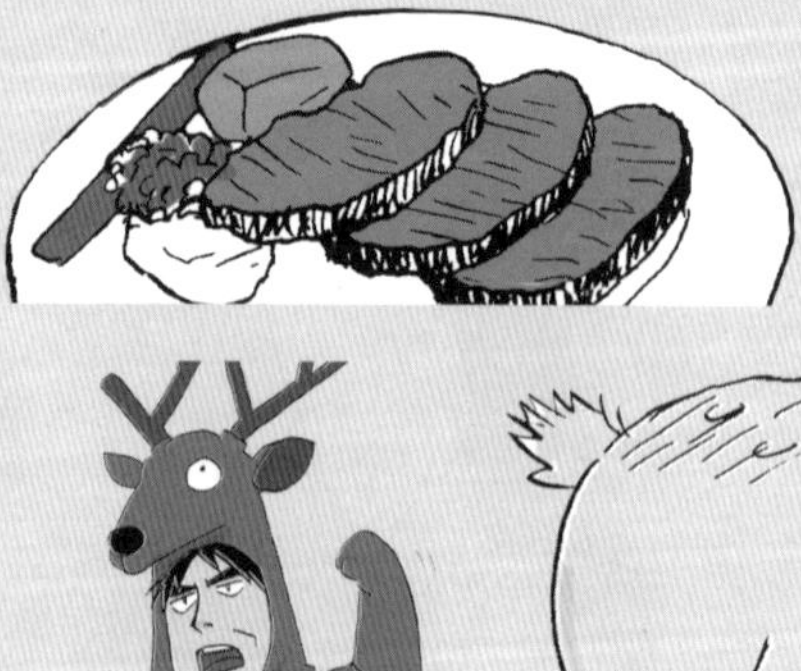

第3章
猟師たちの遊び方

1 ぼくの鳥撃ち日常編〈失敗例付き〉（前編）

猟に興味があり、鳥撃ちをやってみたい。でも、実際どのように行われているかわからない。そんな声をよく聞く。猟犬を飼うところから始めなければならないのか、などだ。もちろんそういう人もいる。師匠も以前は、ヤマドリ猟をするとき猟犬を連れ歩いていたそうだ。だが、もっと手軽なスタイルで楽しむ猟もある。そこでここでは、読者が疑問に思うであろうことに答える形で、ぼくの狩猟現場を案内したい。実践編で紹介するのはよくある失敗例。ぼくは成功例こそ少ないが、失敗経験なら豊富なのだ（自慢にならん）。

溜め池猟　攻めやすい池、難儀な池

本書でもすでに触れたが、シーズン初めの主戦場は川ではなく池である。水鳥たちがいるのは川や湖だと思われがちだが、池に氷が張るまでは里山に点在するこぶりな溜め池でも発見でき、11月15日の終了解禁日からしばらくはそこがメインの猟場になるのだ。

池の大きさは、幅200メートルクラスの堂々たる〝水瓶《みずがめ》〟から、幅10メートルしかないような〝でっかい水たまり風〟までさまざまだ。大きいから鳥が集まりやすいとはかぎらず、小さな溜め池をひょいと覗《のぞ》いたら、マガモの群れが身を寄せ合っていたりすることもあって油断がならない。

では猟をしやすい溜め池とはどんなところなのか。

まず、サイズ。空気銃の射程距離は30〜50メートルがもっとも撃ちやすい（スコープの中心をその距離で合わせているため）。70メートル先の青首に当てたときに先輩猟師に絶賛されたのは、距離が伸びると空気抵抗を受けて弾がタレてしまい、難しい射撃になるから。最近の空気銃は100メートルの距離からでも殺傷能力があると謳《うた》われたりするが、当たらなければなんともならない。

となると、もっともやりにくいのは大型の溜め池である。獲物がいても距離が遠いことが多いからか。それもある。銃をかついで徒歩で近づく間に気づかれ、警戒されてしまうからか。それもちょくちょくある。

でも、それ以上に難儀なのは、手頃な位置に獲物がいて「さぁ狙えるぞ」と喜び勇んで接近する間に、対象外の鳥に騒がれてしまう確率が高いこと。鳥は目がいいので、数百メートル先の不審な男（ぼく）を見逃さないのだ。危険を感じた鳥は動き出し、周囲の鳥もそれに従う。それだけならまだしも、仲間に知らせるため鳴き出すものもいる。警戒警報が響くと、狙っている鳥もにわかに落ち着きをなくして居場所を離れてしまう。そのスピードは予想外に速く、空気銃ではまず狙えない。焦ってこちらが動けば飛ばれてしまい、持久戦に持ち込んだところで、短時間で元の場所に引き返す可能性はほとんどない。この勝負、撃つ前に負けである。

では小さければいいのか。答えはノーだ。撃つ場所を探しにくいのである。幅が20メートルに満たないような溜め池は、そこだけ窪《くぼ》んでいたり、段々畑に囲まれていたりするので、狙える角度が限定されやすい。もちろん池の端に近寄れば獲物から丸見えになってすぐ飛ばれるため、適距離にある木陰か草むらにうまく身を隠せそうになければ、見送るか、散弾銃を持った同行者に任せることになる。

ということで、空気銃使用の鳥撃ち猟師としては幅30～100メートルほどの溜め池こそが狙いやすいことになる。身を隠せる環境であることが前提になるが、幅50メートルまでなら、池の端から狙えば鳥がどこにいても射程圏内。それ以上でも、左右いずれかから角度をつけて狙える場所があれば射程圏内に入り込める。これが川だと、岸にくっつかれた場合、どこからも撃つことができなくなるのだ。また、中サイズであれば獲物が池の中央付近へ出ていても、獲った後の回収が可能。タモ網で届かなければ鴨キャッチャーの出番だ。これは釣り竿の糸に開閉式の針を装着し、鳥を引っ掛けて手繰り寄せる道具で、市販もされているが、ぼくは自作して池や川で使っている。もっとも、ぼくはいまだに操作に慣れず、おたおたしてしまうのだが…。

［溜め池失敗編］

30メートルほどの距離にマガモの群れ。気づかれず接近でき、銃床《じゅうしょう》を地面につけて撃てる態勢を整えた。ところがスコープのピント調整が甘く、若干ぼやけて見える。どうするか。スコープをいじっているうちに気配を悟られたらおしまいだ。いやでも、こんなチャンスはめったにないのだから調整しよう…。この間、10秒ほど目を離しただろうか。つぎにスコープを覗いたとき、鴨たちは右へ左へ泳ぎ出し、慌てて銃口を動かした途端に飛び去ってしまった。

散弾銃での失敗もある。師匠と先輩猟師のコーイチさんとぼくの３人で溜め池を攻めたときのこと。幅１００メートルを超える大きめの池で、向こう岸にカルガモが点在していたのである。射程距離をはるかに超えているため、空気銃のぼくは見学。師匠とコーイチさんで狙うことになった。威嚇《いかく》して飛び立った鴨がこちらに旋回してくれば２〜３羽は獲れるだろう。そして思惑通り、鴨はこっちに飛んできた。「引きつけろ！」と師匠の声がしたが、距離感を失ったコーイチさんが待ちきれず発射。そのせいで、鴨は必死に高度を上げ、射程距離以上まで舞い上がってしまった。適距離まで撃ち出しを待てるかどうか。それが散弾銃の猟では結果に直結するのだ。

里山を巡る　キジ撃ちは出会い系

キジはどこにいるのか。おもに里山である。キジは身を潜めやすいススキなどの藪にいて、食べ物を得るため畑に出てきたところが狙い目なのだ。クルマのスピードを抑え、目を凝らしながらゆっくりと走って、特徴のある赤い顔、青と緑の首筋を持つオスを探すのである。狩猟禁止のメスは色が地味なので誤射を防ぐ意味もある。

キジ猟には猟犬と一緒にやるイメージがあるかもしれない。たしかにそういう猟師はいるし、犬を使えば藪に逃げ込んだ獲物を追い込めるので理想的。でも、猟犬を飼い、技術を仕込むことを考えていたらキジ撃ちは遠い存在となってしまう。

畑に出ているキジを気長に探すのか。そうである。が、やみくもに走っても、キジとはなかなか出会えない。ではどうすれば確率が上がるのか。下見につぐ下見しかない。キジ撃ちをメインとするコーイチさんは狩猟シーズン前から猟場をパトロールして歩き、狩猟解禁日までに、どこにどれくらいキジがいるか把握している。また、頭の中には過去にキ

キジにしては
黒い…
鳴き声も
ちがう…
気がする。
アホー
アホー
torokichi

ジを見た場所、撃った場所、獲った場所がインプットされている。考え方としては、今日出会えなくても、シーズン中に他の猟師より先に見つけられればいい、だ。結局出会えなかったら？　コーイチさんの口癖は「来シーズンまで達者でナ」である。こうした日々を十数年間積み重ねたコーイチさんは、２０１７～２０１８シーズンに過去最高のキジを獲り、師匠にこう言わせている。

「射撃はうまくないけど、誰よりもキジ撃ちが好きで、キジのいる場所を知っている。それがとうとう花開いたんだ。たいしたもんだよ」

ところで、空気銃でもキジ撃ちはできるのか。答えはイエス。先輩たちはちょくちょく獲っている。キジは俊足だが、やや性格がのんびりしていて、動き出すまでの一瞬キョトンとすることがある。そこを狙うのだ。ぼくもいつか仕留めてみたいが、そのためには発見から射撃までの時間短縮が必須。ああ、いつの日になることやら…。

【キジ撃ち失敗編】

キジを見かけたら狙ってみろと言われ、ひとり猟に出てみた。キジ場（よくいる場所）には詳しくないので、ダメ元で山間部を走っていると、畑にそれらしい鳥がいてドキッとした。いったん行き過ぎて停車。さいわい棚田だったので、大回りして農道を通り、畑の真下まで行ってエンジンを切った。狩猟用の地図で禁猟区じゃないのを確認。周囲に民家も見当たらない。畑に出ている人もいなかった。撃っても問題ない場所であっても、散弾銃なら大きな音がするので驚いて通報する人がいるが、空気銃の音は小さい上に迫力がないので、こういうときは便利である。

さっき見たあたりにいるとすれば、距離は50メートル以内でドンピシャだ。そろそろと上がっていき、少しだけ顔を出す。いる。弾を装填《そうてん》し、呼吸を整えた。高低差がないから、棚田の縁に銃を置いて撃つことができるだろう。距離はいいし、銃身が安定すれば当たるのではないか。もし獲れたら、家族は、師匠はどんな顔をするだろう。「悪いがもらった」とぼくは呟《つぶや》いた。

そっと銃身を出してスコープを覗き込むと標的はまだそこにいた。そして何を思ったか、一声大きく鳴いた。

「カァ」

ぼくは全身の力が抜けていくのを感じながら、カラスとキジを見分ける訓練から出直そうと心に決めたのだった。

2▼▼ぼくの鳥撃ち日常編〈失敗例付き〉〈後編〉

川猟　難易度は川幅に比例する!?

確率的には池のほうが高いとしても、ぼくは川での猟が好きだ。そう言うと、獲れるほうが楽しいじゃないかと首を傾げられることがある。あるいは「どっちにしても獲れないんでしょ」と笑われたり。や、図星。けれど、腕を上げたら上げたで、溜め池より難易度が高くて挑戦しがいのある川猟に惹かれるだろう。

溜め池と川では何が違うのか。川では獲物に悟られず射程距離まで接近するのが溜め池の何倍も困難で、たどりつく直前に鴨に気づかれ、向こう岸に泳いでいったり飛ばれてしまうことがしょっちゅうある点だ。溜め池なら飛んでいかないかぎり、こちらの場所を変えることで対応できるが、大きな川ならあきらめるしかない。まるで鴨に遊ばれている気分である。

腹立たしいので撃ってやろうか…。短気を起こしそうになると今度は、〝命を粗末にする気か!〟と心の声が聞こえてくるのでそれもできない。回収の見込みのない射撃は猟師として最低の行為。的あてゲームがしたいなら射撃場に行けって話だ。

川幅の広い川のほうが、鴨が多くてチャンスがありそう。これは微妙だ。むしろ、広い川と支流などの狭い川は別物と考えたほうがいい。

鳥撃ちの楽しさと猟果を同時に得ようと思うなら、流れや湾曲があり、それなりにワイルドさも備えている狭い川がおすすめだ。狭いのだから、そこにいる鴨は岸から近く狙いやすいし、タモ網で回収可能。小川のような細い流れでさえ、鴨がいるときにはいるもので、支流だから少ないなんてことはない。気配を悟られ飛ばれた場合でも、発砲さえしなければそう遠くないところに降りることが多いため、再度狙えることもある。ひとり猟もしやすく、初級者の域を出ないぼくも、最近は支流をマメにチェックするようになってきた。そうすると、同じような流れに見える支流の中にも鴨のつきやすいところ、つきにくいところがあることがわかってきて、ますます猟がしやすくなる。

広い川には、射撃可能な場所を見つける苦労、撃つ場所と川面の高低差、回収の難しさなど、距離限定&動く標的が不得意な空気銃にとってタフな面が多い。推奨したいのは散弾銃使いとのコンビ撃ちで、ひとり猟にはあまり向いていると思えない。

ただ、広い川には支流では味わえない醍醐味がある。直接は関係ないかもしれないが、広い流域を流しながら鴨を探したり、どこから撃つのがベストか考えたり、鴨に気づかれないよう神経を使って接近することで、鳥撃ち猟師として鍛えられている実感がある。

失敗するたびに学びや発見があり、的中して回収にも成功すると喜びもひとしおだけに、難しくてもチャレンジしたくなるのだ。

ぼくはひとりで猟をするとき、弾を外した後で岸に座って流れる水を眺めたりしがちなのだが、そういう時間というのは猟を始めるまで持ったことがなかった。あと、単純だけど大きな川にはいろんな鳥が浮かんでいるのもいい。ぼくがよく行く犀川にいるのは、マガモ、カルガモ、コガモ、ヒドリガモ、スズガモ、オシドリ、オオバン、キンクロハジロ、カワアイサ、カイツブリ、カワウ、サギ類。夜が明けたばかりの頃、禁猟区のダム湖畔にクルマを停《と》めて（安全な場所がわかるのか、たくさんいるのだ）、双眼鏡片手に鳥を探すのも至福のひとときだ。

［川猟失敗編］

前述したように、空気銃は動いている獲物を狙うのには向いていない。スコープをよく見て、鳥が静止したタイミングで撃つのだ。ぼくは上下にズレても当たるよう、首を狙うことにしているのだが、少しでも正確に狙おうとして、スコープの倍率を目一杯上げてしまうことが多々あった。

しかし、そのやり方には致命的な欠点がある。ちょっとでも動かれるとスコープからはみ出してしまい、そのたびに狙い直さなければならないのである。もちろん倍率をやや下げていても合わせ直す必要は生じるけれど、わずかな移動ならスコープ内で確認できるのですぐ対処でき、構えを崩さずに済む。この差がデカイのである。そのことは、猟を始めたばかりの時期に師匠から言われていたのだが、つい目先の欲（アップにしたほうが当たりそうに思えるのだ）に負け、教えを守ってこなかったのだ。

失敗パターンには、鴨が行方不明になるケースもある。師匠のボートで川に出て猟をしたときのことだ。知り尽くした流域を滑るようにボートは走り、狙いをつけた場所に近づくとエンジンを切った。鴨は樹木がせり出した窪《くぼ》みにつきやすく、パッと見ていないようでも岸スレスレに潜んでいたりする。うまく見つけて師匠が撃ち、青首に命中。ここまでは良かった。しかし、青首は最後の力を振り絞り陸に上がってしまう。岸が近いとそういう行動を取りがちなのだ。こうなるとお手上げで、陸を探しても容易に発見できるものではない。

陸から離れていても、落下してきた鴨が水中に潜ってしまうことがあり、思いがけず遠いところに浮かんで回収ミスすることがある。怪我を負った鳥の多くは自然界で生き抜けない。それがわかっているだけに、猟師は半矢（傷つけて逃がすこと）を避けようとするが、どうしてもときどき起きてしまう。当てたからにはしっかり命をいただく。そのことは、狩猟者の永遠の課題だと思う。

ヤマドリ猟　鳥撃ち最高峰はガマンの猟だ

鳥撃ち好きな猟師に、獲って自慢できる鳥は何かと尋ねれば、たいていの人がヤマドリと答えるのはなぜなのか。ヤマドリはその名の通り山の奥深くに生息し、数が少ない上に動いたら速い。乱獲を防ぐためか肉は売買禁止だが、上品な出汁の出る鍋のうまさには鴨もキジもかなわない。獲るのに難しく、食べたら絶品。しかも市場に出回らないので珍重されているのである。昔も今もヤマドリは鳥撃ち猟師の勲章。仕留めた記念だと、長く伸びたオスの尻尾をクルマに飾る猟師が後を絶たない。

では、ヤマドリ猟はどのように行われるのか。キジ猟と同じく、王道は猟犬を伴うスタイルだ。師匠や先輩猟師の小島さんは若い頃、犬と一緒に沢沿いをどこまでも歩いてヤマドリを探したものだという。へとへとになるまで歩いても発見できないこともザラだったが、仕留めれば大威張りできるので苦にならなかったそうだ。

犬のいない最近は、やはりキジ猟と同じくクルマで流しながらの出会い系。ただしこち

川の流れのように
ゆるやかに
いくつも
的を外す。
カワアイサ
オシドリ
カイツブリ
おおっ
当てようや。

らは里山の奥、さらに上部の山道を巡回する。雪が降ると運転が危険になるので、実質的な狩猟期間はシーズン開幕から1カ月ほど。その間、師匠や小島さんは血眼になって、あらかじめ目をつけておいたエリアを中心にヤマドリを探し回るのだが、敵もさるもの。おいそれとは見つからない。ヤマドリの羽は枯れ葉色をしていて、木の根元などにジッとうずくまっていようものなら見分けがつかないのである。そこで猟師はヤマドリが動く気配を見逃すまいと、低速でクルマを走らせるのだ。

かと思えば、路上で木の実をついばんでいることもある。道路で撃ってはならないので、そんなときは車内で準備をしつつ、ヤマドリが森に入るのを追いかけてひと勝負。そこで撃てない場合は、警戒心マックスに達したヤマドリが飛ぶのを粘り強く待つ。走らせても飛ばせても、スピードに乗ったヤマドリはめっぽう速いから、そこに至る前に撃てるかどうかがポイントなのだ。

ぼくはヤマドリ猟の緊張感が好きで、師匠のクルマによく同乗させてもらうのだが、何度やっても飽きることがない。午後からずっとまわって、もうだめかと諦めかけたときに発見したときなんて、心臓がバクバクする嬉しさだ。こういうチャンスを師匠はまず外さないが、手ぶらであってもヤマドリ猟をした後は「今日はやったな」という満足感がある。もし猟師にヤマドリの肉をもらったら、とりあえずホメちぎってほしい。いつもは見せないような満面の笑みを見ることができるはずだ。

【ヤマドリ猟失敗編】

カーブを曲がったらそこにヤマドリがいた。しかもオスが複数。こんなとき、さすがのベテラン猟師もオノレの幸運に舞い上がり、思わぬポカをしでかすことがある。どれを狙うか目移りし、一瞬迷う間に薄暗い山に逃げ込まれてしまうのだ。

ただ逃げてくれれば撃てるが、じっと動かないでいられると、相手はほぼ枯れ葉であって、見つけるのは困難になる。そのとき、たまたま動いたのが狩猟禁止のメスだともういけない。その隙に駆け出すオスの速いこと。まして木の間を飛ばれれば的中率は一気に落ち、虚しく銃声が響くことになる。

でも、おかげでヤマドリが生き延びて繁殖するのだから、ぼくはそれでいいと思う。ヤマドリは鳥撃ち猟師の目標であり、狩猟を続けるモチベーションともなる山のお宝なのだ。

3 山でシシを追う！（前編）

銃を使う猟は鳥猟と獣猟に大別される。鳥猟はヤマドリやキジなどの陸鳥猟と、鴨などの水鳥猟。獣猟は鹿やイノシシ、熊を狙う大物猟と、ウサギ、キツネ、ハクビシン、タヌキ、アライグマなどの小物猟に分類される。現在、猟師の多くが行っているのは大物猟。その中心は鹿とイノシシで、どちらの人気が高いかと言えば断然イノシシだ（熊は別格扱いされている）。鹿肉もおいしいし、性格もイノシシよりおとなしいから猟をしやすい感じがするが、イノシシのほうが獲るのが難しい分、やりがいがあるらしいのだ。

「やるならシシ。鹿なんて目をつぶってても当たるからおもしろくない」

先輩猟師の小島さんによれば、イノシシは警戒心が強いし、逃げるスピードも速い。それに、逃げるばかりじゃない。向かってきて牙でえぐられる危険もある。追い詰めた猟犬が牙でやられて命を落とすことも珍しくない。そこをどうやって獲るか。知恵比べ、根比べになる。だから燃えるのだという。

「犬がいれば少人数でもやるけど、今飼ってる犬は血統ばかりよくて、からきし意気地がないから猟に連れて行かないの。だから最近は仲間と一緒にやることが増えたかな」

具体的に、どんなふうにやるのだろう。以前参加した30人規模の巻狩りでは、追い出し役のセコ（勢子）と、撃ち手のタツマ（立間）に分かれ、セコが声を出しながら獲物を追ってタツマのほうに誘導する方法だったが。

「そんなに人数かけないよ。せいぜい10人。でも、それで獲れる。どうやってって、口で説明してもわからないだろう」

だったらこの目で見てみたい。オレに狙われたシシは可哀想だと、いつも大口を叩いている小島さんの腕前を見学させてもらえませんか。

「おう。オレは上手いから脇見してたら見逃しちゃうよ。距離が遠かろうとなんだろうとライフル構えて2秒、ズドンで終わりだから」

程よく酒が入って上機嫌の小島さんに、シシ狩り見学を快諾してもらった。

12月半ば過ぎ、今夜は雪になりそうなので明日の早朝から猟をする、と小島さんから連絡が入った。雪がなくてもできなくはないが、足跡を追うためには積雪があるほうがいいので、例年この時期から大物猟が本格化するのだ。

小島さんはわなにかかった獲物を止め刺ししたり、駆除活動で狩りをするときくらいしか鹿は撃たない。では、それまでは何をするかというとヤマドリ猟である。発見が難しく、飛ばれてしまうと速くて当てにくいヤマドリは鳥撃ちの花形であり、難易度も高い。長年ヤマドリを追いかけてきた小島さんには、自分だけの秘密の場所があるらしく、シーズン当初はそこへ入り浸ってせっせと猟をするのだ。あとは、機会は限定されるが熊猟も好きだ。ヤマドリ、イノシシ、熊と自然の中でやり合うのが生きがいなのである。

おもしろいのは、せっかく獲った肉をほとんど食べないことだ。本人だけでなく家族も完全に飽きてしまって食べてくれない。獲った肉はプレゼントし、他人の胃袋に収まってしまうのだ。ある意味、こんなに猟が好きな人はいないんじゃないかと思う。

手がかりは下見で見つけた足跡

午前8時、待ち合わせ場所で待っていると、小島さんと地元猟師がやってきた。下見に出かけていたという。朝、誰も通らないうちに足跡を調べておくのは大物猟を成功させる鉄則。すでにめぼしい足跡を発見したらしく、小島さんの頭は、いかにして追い詰めるかでいっぱいのようだ。

合流地点に移動して他のメンバーと落ち合い、本日の作戦会議。この日のメンバーは9人。リーダー役を地元猟師の小島さんが務め、積雪が多すぎて猟がしづらい大町や白馬からベテラン勢が助っ人に駆けつけた。若手もいるが、多くは50代後半から70代。高齢化の現状が垣間見える。

装備も本格的だ。ライフル銃と弾丸、無線機、ナイフは身につける。誤射を防ぐため派手な色の服を着て帽子もかぶる。足元は雪用の長靴。動き回ると汗をかくほどなので、猟師は意外に薄着だ。他に必要なものは、食料や飲み物をはじめとしてクルマに積んでいる。小島さんはスマホさえクルマに置きっぱなし。カンジンなときに電話がかかってきたりしたら獲物に逃げられるからだそうだ。ごもっとも。

さらに移動して、足跡発見地で再度の打ち合わせ。地元の地形に詳しい小島さんが、足跡の状態から推測されるイノシシの数や居場所を説明する。

話を聞いていて、ポイントは3つあると思った。まず、的確に居場所を突き止めること。つぎに、飛び出してきたイノシシを撃つこと。そして、そこで打ち損じた場合でも、別のタツマが仕留められるようなポジションで待機すること。山は広いが、イノシシの行動パターンや地形を熟知していれば、少人数でも網を張り巡らせることができる。

山へ入って40分、イノシシが潜む場所を捉えた猟師たちが、徐々に臨戦態勢を整える。獲物を追ってどこまでも、と言えばカッコいいが、銃を担いで雪の中を淡々と歩いていく姿を見ていると、猟師は体力がないとできないなと思わされる。ぼくがセコに加わったら、全体のペースがぐっと落ちてしまうだろう。

小島さんのはからいで無線を聞くことができたので、視界の広い道路脇からセコとタツマの動きを見ながら、どういう指示を受けて猟師たちが陣形を張るのか知ることができた。

「3つ（3頭）だな。大きいのと小さいの2つ。竹藪に向かってるみたいだな」

「たぶんあそこだ。ちょっと待って、いま上のほう固めるんでふたり向かってる」

「上へ抜けられたら終いだもんな、了解。こっち、二手に分かれて足跡確認する。あれ、ここで切れてんな。藪でわかりづらくなってるんだ」

「上は着いた？」

「もういるよ」

ぼくがいる場所からさらに上の、全体が見渡せる場所から指示を出す司令塔の小島さんと、足跡を追うセコ2名の間でひっきりなしに会話が飛び交う。撃ち役のタツマは指示通りの場所をキープし、勝手な行動を控えて気配を消している。木や藪、高低差のおかげで、それぞれの猟師は誰がどこにいるかはっきりわからないだろう。

そうか。ぼくたち素人は、獲物を仕留めた人がすごいと思いがちだが、そうではないのだ。タフなイノシシ3頭を相手にする総力戦。セコは追い詰めた獲物を、タツマのいる方

鹿なんて目をつぶってても当たるからおもしろくないね。
目を開けていてもあまり当たりませんが…
くわッ

向に追い出すべく動く。タツマたちは、包囲網の間を抜かれないよう距離を測り、司令塔が発するゴーサインを待つ。

小島さんは、1発で仕留めきれなかった場合でも、イノシシたちが逃げる方向を絞り込めるように、藪の上部に2名、横2名、下1名を配置。残る1名は経験が少ない若手のため、獲物が下に抜けた場合に備えて離れた位置で待機させている。

5分前までは冗談が飛び交うほどリラックスした雰囲気だったのが、〝そのとき〟が近づくに連れて無駄口がなくなり、緊張感が高まってきた。刻々と変わる状況を、わずかな会話で共有し、やがてすべての動きが止まった。

「少し先で視界広がるから待ってりゃいいよ。上がってきたら、そこから1発だ」

「○○さん、そっち足跡どう。こっち切れて見失った」

「あるよ。竹藪で間違いない。準備できたら俺が（藪の中へ）突っ込むから」

どうやら居場所が特定できたらしい。イノシシが、山の中腹にある藪の中に潜んでいるのは間違いなさそうだ。

昨夜の雪はほんの1センチ。夜半には止んだため、朝の見回りで3頭の足跡が確認できたので、これをターゲットと決めて追跡してきた。獲物はバラけていないわけだから、あとは追い出して仕留めるだけ。ピリピリした雰囲気はどこにもない。ベテランたちにしてみれば、いつもと同じシシ猟で、声には自信が満ちている。

ひとり緊張を隠せないのはこのぼくだ。野生動物は敏感だから、藪の中にいる3頭は、自分たちが囲まれていることに気づいているはずだ。危険を察知し、いつでも逃げ出すことのできる態勢で息を殺しているだろう。それは藪の上か下か、左か右か…。

「固まってくれてりゃいいけどな。1頭だとじっとして出てこねぇことがある」

「親子でいるから一緒だろ。そろそろいいか?」

「いいよ、入ってください」

ついに小島さんから突撃指令が出た。

4 ▼▼ 山でシシを追う！（後編）

話を足跡発見に戻そう。なぜ小島さんたちは無駄な捜索をせず短時間でイノシシの潜む場所にたどり着けたのか。それは、このエリアを知り抜く土地勘と理詰めの考え方によるものだ。

ぼくのようにクルマで流しながら鴨を探す場合、姿を見つけるまではさほど苦労することはない。いなければ影も形もなく、いれば水に浮かんでいるのでわかりやすいのだ。鳥も目が良くて警戒心が強いけれども、クルマで通る程度なら逃げ出すことはなく、獲物を発見してから比較的じっくりと作戦を練ることができる。また、たとえ気づかれたとしても、散弾銃を持っていれば、飛び立ったところを撃つことができる。

しかし、大物猟は姿の見えない獲物を、足跡などの手がかりを元に追い詰める猟だ。休むときにも藪や林の中にいることが多い。やみくもに山の中を歩き回ったって、遭遇できる確率はほとんどない。フィールドも広いから、一直線に追いかけたって逃げ切られるのが関の山だ。

だから猟師たちは頭を使う。この日、足跡が発見できたのは中腹の道路脇。方向は上を向いていた。イノシシたちは下から上がってきて道路をまたぎ、上に登っていったのだ。では、どこまで上へ。ぐるりと曲がって上へと続く道を調べればわかる。イノシシが登った先にある道に足跡はなかった。

これで上下はわかった。イノシシたちは下の道と上の道の間にいるのだ。つぎは左右。右は道路があり、そこを超えて行く足跡はない。左はどうか。こちら側には沢があり、イノシシがわざわざ渡るとは考えにくい。ということは、左右の範囲は道路と沢の間ということになる。これで上下左右のエリアがわかったわけだ。

では、潜む場所はどこなのか。ここで地元に精通する小島さんの出番。過去の狩猟体験や年中チェックしているイノシシの習性から可能性を割り出し、沢側の上部にある竹藪付近と見当をつけた。足跡もそのように続き、周囲に隠れやすい場所もない。

付近で食事した形跡があり、予想通り竹藪にいるとわかった後、小島さんはタツマの位置を修正し、包囲網を破られにくくした。イノシシの姿は一切見ていないけれど、猟師たちはリアルに存在を感じているのだ。

ぼくはそれを見ていて、海釣りに似ているところがあると思った。釣りの上手な人は何度も糸を垂らして海の様子を探り、深さや海底の地形などをイメージし、そこにふさわしい仕掛けや餌などを工夫していく。うまい釣り人は適当な場所に糸を垂らしてアタリが来るのをのんびり待つのではなく、集めたデータを武器に見えない魚たちと対峙する。大物猟もそれに近く、一種の頭脳戦。猟師の腕とは射撃だけじゃない。戦略面も含めた総合力で決まるのだ。

1頭目は70キロ級のメス

「2頭見えてる。突っ込むよ」

セコからの連絡が入った直後、縦長の藪から2頭が谷側に飛び出してきた。人の気配を感じていたイノシシたちは、いつでも走り出せる準備をしていたのだろう。10メートルほど下ったところで方向を変え左へ向かう。前を行く親を、必死に子が追っている。が、セコに気を取られていたのか、タツマは別のほうを向いていた。しかも、飛び出したイノシシに気づいていない。

「何やってんだ、後ろだ後ろ見ろ!」

小島さんが声を張り上げる。すぐ姿勢を変え、タツマから見て右から左へ疾走する獲物に銃口を向ける。だが、タイミングが遅れ、慌てて撃ったが外してしまう。包囲網を破られたのだ。まずい。

しかもここで2頭がバラける。親シシが走っていくのが見え、ぼくのそばにいたタツマが撃つ。後方からの射撃だし、距離がありすぎるため、当てるより威嚇するのが狙いのようだ。林に飛び込んだ子シシはもう見えない。

直後、小島さんのクルマが猛スピードで坂を下っていった。司令塔の役目はここまで。この先はタツマとして参戦する構えだ。態勢、立て直せるのか。シシが逃げた方向にはタツマがふたりいる。上にいるタツマはもう間に合わず、姿を現さなかったもう1頭が出てきた場合に備えることに。ここからは、小島さんを加えた3人と親シシの勝負だ。

急いでエンジンをかけて追いかけると、小島さんのクルマが乗り捨ててあった。山側にも谷側にも足跡がない。さらに道を下ると姿が見えた。肩で息をしている。

「どこ行ったと思って見てたらシシが道路を下ってるもんで、走って追いかけたよ。その先で山に入ったけど、あっちにふたりいるし大丈夫だろう」

最初の一撃を逃れ、斜面を駆け下りた親シシは道路を走りながら逃げていた。そこへ小島さんが追いついたものだから、もう一度斜面に戻っていったのだ。そっちには腕利きのベテランが待ち構えており、さらに下には新人もいるから、もう一勝負できるな。

そのとき、ドーンと発射音が響き、無線が入った。

「ブタひとつ潰した」

ここではイノシシをブタと呼び、仕留めたことを潰したとか転がしたと言う。関係ない人に聞かれてもいいように使われている猟師言葉だそうだ。

「けっこう大きいよね。70キロくらいある？」

「そんなもんだ。小さいのはわかんなくなったな」

仕留めたのはメス。イノシシはメスのほうが肉がうまく、害獣駆除の面からも価値がある。軽トラックに乗せて広い場所まで行き、すぐに腹を割いて内蔵を出す。地面に掘った穴に腸など不要な部位を埋めたら、肉質の劣化を防ぐために割いた箇所に雪を詰めて冷やす。ここまでやっておけば、山を降りてからの解体作業がスムーズに行えるのだ。

捜索開始から1時間で1頭ゲット。ぼくには上出来に思えるが、戻ってきたメンバーたちが口にするのは逃した2頭のことばかり。とくに藪から出てこなかった1頭を悔しがる。逃げられたならあきらめが付くけれど、発見できなかったことが納得出来ないのだ。


1頭では満足しない面々は午後も猟を続行。さっそく下を向いた足跡を見つけ、場所の特定に入る。朝は上りのため時間を要したが、下りは視野も広く、ものの5分で見当をつけることができた。タツマも素早く移動。おおよその位置についたところでセコが藪に突

シシ狩りとは
戦略面も含めた
総合力で
決まるのだ！
指揮するのは
オレだよ。
tonokichi

入すると3頭が泡を食って逃げ始める。ドーン、ドーンと2発。

「上のほうに2頭行った」

当たったかどうかより、逃げた獲物の情報を仲間に伝達。より重要なことは、逃走ルートに先回りすることだからだ。「ひとつ潰れてたよ」と無線が入ったのはしばらくしてからだった。

小島さんが指示を出し、持ち場を変更して追跡開始。山を横切ってきた場合に通りそうな場所に、ライフルを担いだ小島さんも入っていく。その動きには無駄なところがひとつもない。やっぱりこの人はセコよりタツマが似合うなあ。

と、間もなく銃声が響き、「小さいほう潰した。30キロくらい」と無線が入った。小声なのはもう1頭来るかもしれないからだ。近くにいたぼくが急行すると、小島さんが100メートルほど先の獣道を指さした。走ってきたところを撃ち下ろしで仕留めたのか。腕自慢はウソじゃなかった。

「バッチリ急所に弾が入ってるはずだよ。親子で逃げて、大きいのは先に走ってたんだろうな。あと1分早く着いてれば絶対逃さなかったけど、あきらめるしかないか」

ようやくぼくにも出番が来た。撃ち下ろしで仕留めた獲物は、ひっぱり上げるのに骨が折れるので、人手が多いほうがいいのだ。日が傾きだす午後4時には回収を終え、猟師たちは山へ入る前の柔和な表情を取り戻していた。銃を置けば、みんな気のいいオッチャンである。

「あー楽しかった」

誰かが言うと、すかさず別の人が「明日もやるだろ。まだまだシシいるぞ」と盛り上げる。シーズン中だけで数十頭は獲るメンバーなので大猟とまではいかないが、二度のアタックで計３頭ならまずまず及第点だそうだ。酒好きの小島さんはもう、今日の成果を肴にいっぱいやることしか考えていないようだった。

猟師は獲物を平等に分ける。見ていただけのぼくも猪肉をどっさり頂いた。新鮮極まるレバーをニラと炒めて食べてみたら、経験したことがないうまさだった。

5 ツキノワグマの手を食べる

狩猟期間が終わった2月下旬、宮澤師匠から熊の手が手に入ったから見に来ないか、と連絡があった。

それはすごい。熊肉は食べたことがあるけれど、手となると触ったことさえないのだ。でも、どうしてわざわざ手を。

「食べられるんですよ。オレも食べたことはないから、どんな味なのかわからないけど珍味らしい、ははは」

たちまち好奇心が沸き起こってくる。熊の手、見てみたい、食べてみたい。

偶然性もおもしろい。ラーメン屋『八珍』を営む師匠は若い頃から料理店で修業を重ねた人。店名の『八珍』とは、中国で古来から珍重されてきた食べ物の総称であり、その中には熊掌《ゆうしょう》も入っているのだ。

中国では2000年以上前から熊の手が食べられ、中国全土の珍しい料理を集めた宮廷料理〝満漢全席〟のメニューにも入っていたほどなのだとされる。庶民の口に入るものではなく、出回ることも少ない希少な食べ物。値段も高価で、片手だけで数万円するとも言われるが、日本では食べる習慣がなく、猟師たちもほとんど捨ててしまうのだろう、その味について聞いたこともなかった。

今回入手できたのは、熊を仕留めた猟師が、『八珍』に引っ掛けた洒落っ気を発揮したのかもしれない。匂いの強い熊肉料理でよくあるように、ワイン煮にする食べ方もあるようだが、ここは本場に敬意を評し、純中華風の調理法で熊の手を体験してみたいと、わがままな希望を伝えた。

「ちょっと研究してみましょう。準備ができたら連絡します」

長野県では、鹿肉に関する知識を有し、適切に調理したジビエ料理を提供できる調理人を「信州ジビエマイスター」に認定している。その資格を持つ師匠も、熊の手は初体験とあって気合が入っているようだ。さて、どんな料理に仕上がるか…。

困ったことに、味の想像ができない。熊の肉なら何度かモモ肉を食べたことがある。調理法は塩麹に一晩漬け込んでからステーキにしたものや、ワインとトマトを煮込んだラグーなど。独特の臭みを消すことが主眼だった。

いま独特と書いたが、それがどんなものなのか、言葉で説明するのは難しい。たとえば鴨肉なら、スーパーで売られている鶏肉や合鴨と比較することができ、歯ごたえや肉の締まりを表現しやすい。イノシシも豚肉との比較が可能。飼育された生き物と、自然の中で暮らす生き物との差が歴然としている。

しかし、熊には我々が普段口にするもののなかに比べられるものがない。鴨やイノシシより、さらに濃厚で、脂身には甘みさえあり、食べるとカラダが熱くなってくるほど。ツマや娘は濃厚過ぎると少ししか食べないが、ぼくは大好きで、熊肉料理はジビエの重量級チャンピオンだと勝手に思っている。

しかし、手となると味の想像がつかない。かろうじて思い浮かべたのは豚足だった。動物性コラーゲンたっぷりの、ぷるぷるした食感は、好きな人も多いだろう。自分の手足を眺めても、甲の部分は肉がついていないし、手のひらや足の裏は脂肪分が多そうだから、熊の手も似たようなものではないだろうか。

未体験の食感に、しばし言葉を失った

師匠から、食べに来てくださいと連絡が入ったのは約2カ月後だった。どんな味かと尋ねたら一言「おもしろい料理になりました。珍味だよ」とのこと。どうやら、熊の手をいくつか使って試行錯誤したらしい。せっかくなので下ごしらえから見学させてもらうことにしよう。

「はい、これが手。中国じゃ、餌を食べるときに使う右手の前足が高く取引されると言うけど、味には関係ないと思うよ」

持たされたのは、黒い毛に覆われた手で、師匠によれば１００キロクラスのやや小柄な熊ではないかとのこと。ぼくの手より一回りサイズが小さい。手のひらは指も含めてみっしりと肉球になっていて弾力性抜群。これがあればこそ、ゴツゴツした岩場も、冷たい雪の上も歩きまわることができるのだ。

一方、爪はそれほど大きくはないが鋭く、見るからに頑丈だ。つい連想するのは、山で熊に追われる自分の姿。逃げる気力もなくして立ち尽くしたところに背後から熊が躍りかかってきて、鈎《かぎ》状に伸びてきた爪がカラダに食い込む。もうダメだ、ひとたまりもない…、リアルに考えすぎなんだよ！

調理は臭みを抜くため長時間煮込むなど手がかかる。お金を払って食べたらいくらになるかと質問したら、定価などない世界だから、高級中国料理店なら1手10万円でもおかしくないとのことだった。

「でも、今日は特別にタダでいい（笑）。食べてみてください」

さすがは師匠、太っ腹！

出てきた料理は、熊の手の姿煮。爪と骨を抜き、ひたすら煮込んだものなので、手の形がそのままだ。味付けも醤油ベースの薄味ソースだから、熊そのものの味が堪能できる。彩りにキュウリ、タマネギ、タケノコを添え、見た目も鮮やかに仕上がっている。顔を近づけると、プーンと八角の香りがした。

調理は、バーナーで毛を焼くところから始まる。剛毛なので、焼くだけで5分やそこらかかるという。金属ブラシを使って丁寧に処理を終えたら、いったん火を通し、爪と骨を抜く作業。爪はペンチで引き抜けばいいが、骨を外すのはプロの料理人にとっても一苦労で、素人にはなかなか…。まぁ、熊の手を調理する機会はまずないと思うが。

ここから煮込む。今回は約5時間かけた。湯を交換しながらやるのだが、強烈な獣臭で、とてもじゃないが営業中にコトコトなんてできないそうだ。さらに、圧力鍋で20分加熱して肉を柔らかく仕上げる。ソースは、醤油をベースに熊手のスープで調整し、素材の味をジャマしないよう工夫されている。

さっそくナイフで切り分けると、ゼラチン質のカタマリの下には肉もしっかりついていて驚いた。人間の手よりずっと分厚いので、骨を抜いても重量感たっぷりだ。ゼラチンのところと肉を一緒に食べると、ぷるんとした食感とホロホロの肉が相まってお世辞抜きで旨く、八角の香りともよく合う。

「どうですか、熊の手は」

みそラーメンはとてもおいしいです。
熊の手はなんともいえないおいしさです。
ボエー
tomokichi

師匠に訊かれ、返答に詰まってしまった。いい意味で予想を裏切る味であり食感なのだが、それをどう表現すればいいかわからない。明らかに、これまでの人生で未体験の味なのだ。

「なんともいえないおいしさです」

よくわからない返事をしてしまった。こんなときグルメリポーターなら、カメラに向かってなんと言うだろう。

とにかく独特過ぎる熊の手だが、もっとも意表を突かれたのは肉球だった。手のひらは厚い皮の肉球の内側にゼラチン層があり、さらにその下の骨周辺に肉がついている。だから肉球は用無しだと思っていたら、2~3ミリに薄く切ってソースで食べるとコリコリした歯ごたえが堪らないのだ。たとえるならフグの皮に近いだろうか。

ひとつ言えるとしたら、素人が適当にやっておいしく仕上がる料理ではないということだ。ゼラチンのところだけ食べても、肉だけ食べても、それほどのものとは思わないのに、一緒に食べたらべらぼうにうまい。

肉球も、長時間煮込むからこそ食べられるのであって、普通は食べようなんて思わないだろう。熊の手は、ソースを含め、プロが腕を発揮してこそのハイレベルな素材。中国人の飽くなきグルメ魂が産み出した〝山の珍味〟なのだと思う。かの孟子も好物だったと伝えられるが、むしろそれは、手間ひまかけて丁寧に作り上げる料理人の技量に捧げられた賛辞だろう。

でも良かった。熊の手料理を食べる機会など、これが最初で最後かもしれない。

「好評でなにより。初めて作ったから要領がつかめなくてけっこう大変だったんですよ。まだあるから、良かったらひとつ持っていく?」

いやいや遠慮しときます。

話しているうちに午前11時の開店時間になり、常連客がどんどんやってきた。朝っぱらから熊の手料理のシェフ役を務めた師匠の顔が、いつもの柔和なラーメン屋のおやじになっていくのを見て、ぼくもいつもの食生活に戻ることにした。

「八珍味噌ラーメン、あと餃子ください!」

6 鷹で鴨を狩る！

権威の象徴や貴族の趣味として、紀元前から世界各地で行われてきた鷹狩。日本でも古代から盛んで、仁徳天皇の時代（355年）に専任の調教師がいたという記録がある。江戸時代には幕府や各藩に鷹匠《たかじょう》という役職が置かれた。しかし、いまでは職業としての鷹匠が成立しなくなっているため、鷹狩がどのように行われるのかを知る人も激減してしまった。

師匠の知人である石坂修一さんは、鷹を使って伝統的な狩りをする、いまでは全国でも数少ない鷹匠のひとり。会社勤めをしながら趣味として楽しんでいる…いや、それはそうなのだけれど、生き物を飼育し、調教し、狩りをさせるのだから片手間でできることではない。だって繁殖までさせているのだ。

キャリアも長く、鷹匠に魅せられたのは高校時代。矢も盾もたまらず、夏休みを利用して当時名人と言われた鷹匠の元を訪ねて弟子入り志願したという。入門を許されて飼育、調教の技術を学び、社会人になっても熱が冷めるどころかますます本格化。15年ほど前からは自ら飼育して繁殖させるブリーダーとしても活動するなど、鷹とともに人生を歩んできた。

以前、自宅を訪問した際は、ちょうど繁殖期の４月。石坂さんは鳥小屋にいるつがいのオオタカの様子が写るモニターが気になってしょうがないらしく、じっと画面を見つめながら話を聞くことになった。固定カメラがオスの鷹の居場所を写している。メスのそばに移動すると姿が見えなくなり、メスに興味がないと画面に写る仕組みだ。そのため、モニターから鷹が姿を消すと石坂さんは「よし、がんばれ！」などと気合が入り、会話そっちのけでモニターに集中。「何も写ってないけど、まったく目が離せない」と笑う。好きだと１００回言われるより、その表情こそが熱中ぶりを表していた。

そのときの様子を書いた原稿（『山の近くで愉快にくらす〜猟師になりたい！2』所収）は、いつか鷹狩に案内しますよという石坂さんの言葉で締めくくられているのだが、待ちに待った連絡が入った。

〈今年生まれたオオタカを使って狩りをするから見にきませんか〉

もちろん行きますとも！　鷹はいったいどんな場所で、どのように獲物を獲るのか、ぜひともこの目で見たい。

見学当日、石坂さんと合流し、クルマに同乗する。と、後部シートの向こうにオオタカがいるではないか。いいんですか、ぼくが乗っても。

「オオタカは神経質なので、見知らぬ人間に慣れさせ、警戒心をほぐす必要があるんです。だから少しでも一緒にいたほうがいい。少し騒ぐかもしれませんが、すぐ落ち着きます」

その言葉通り、オオタカは発進直後こそ羽をばたつかせたりしたが、5分もするとおとなしくなった。今シーズンデビューして、すでに6羽を獲った優等生だが、やはり緊張しているようで、羽を硬く閉じ、ぼくから視線をそらさない。

「想像より小柄でしょう。この鷹は850グラム。大きいのでも1キロちょっとです。獲物の鴨より軽いですよ」

青首なんて、持つとずっしり重いもんなあ。自己の能力に自信がないと、大きな相手は追えないわけだが、オオタカには強力な武器がある。軽量を補って余りある鋭い爪と嘴《くちばし》だ。軽量がもたらすスピードと、相手を倒すパワーが備わっていれば、大きくても攻撃力を持たない鴨など敵じゃない。空中で捕らえられて地面に押さえ込まれた獲物は、食い込んだ爪の力ですぐ絶命してしまう。だからオオタカはとどめを刺すこともなく、即座に羽をむしって肉を食べ始めるのだそうだ。つまり、獲物をがっちり捕らえた時点で鷹の勝ちということになる。

しかし、事はそう単純ではない。狙われる側も必死で鷹の一撃をかわそうとするのだ。

「鴨の飛行速度は速いですよ。スピードに乗ったらオオタカも追いつけないほどです。賢い鴨は咄嗟《とっさ》に水に潜るしね。オオタカは水が大の苦手なんです」

オオタカは鴨に存在を知らせ、獲物が加速する前、自ら浮いて飛び始めた直後までに勝負をつけようとする。オオタカはあきらめが早く、追いつけないと判断したら狩りをやめてしまうため、その一撃をかわせば鴨は助かる。鷹匠の手を離れてから勝負が決するまではほんの数秒。実質は、獲物がオオタカに気づいて飛び上がるまでの2〜3秒でつくと石坂さんは言う。

青首との息詰まる攻防

山の中腹あたりを流れる川で狩りをするのだろうと思っていたら、案内されたのは畑の中を流れる千曲川の支流だった。少し行けば橋があり、行き交う車の姿が見える。こんなところで鷹狩が行われるなんて予想外だ。

「鷹が鴨を狩るのに適しているのは、すすきに覆われた幅10メートル程度の川なんです。大きな流れだと鴨は水の上を飛びますから、爪で掴《つか》んでから陸に運ぶまでに落としてしまう確率が高いし、そもそも水嫌いな鷹がヤル気になりません、ははは」

銃を使うわけではないし、禁猟区はとくにない。狩猟免許もいらない。だって鷹が鳥を獲るだけなのだから。付近は農作地で、民家がポツポツあるのも、猟師がやってこないので都合が良い。石坂さんは、鷹狩が猟師の楽しみをジャマしないよう、厳しく自分をいましめ、シーズン中10羽獲ったらやめるというマイルールまで定めている。

あらかじめ目をつけていた場所へ到着すると、石坂さんはオオタカを車外に出し、落ち着かせるためにしばらく散歩をした。知らないヤツ（ぼく）がいるから今日は気分が乗らない、とグズっているのをなだめられるかのように、鷹匠の手に乗って畔道を移動する姿はどことなくユーモラスだ。

いよいよ本番。藪に目を凝らすが鴨の姿は見えない…と思ったとき、気配を感じた獲物が一斉に飛び出した。奥のほうに鴨がいたのである。オオタカは石坂さんの指示があるまで動かないようしつけてあるので、タイミングが遅れてしまえば狩りにならない。鷹匠と鷹は一心同体なのだ。

しかし、鴨はこのあたりに来ている。だとすれば、チャンスはまだあるはずだ。場所を変えて捜索を繰り返し、これはという場所を見つけた。細い流れに覆いかぶさるように両岸からすすきが伸びている。姿は見えないが鴨が隠れていそう…鷹匠のカンである。

木の枝で音を立てながら接近。オオタカはいつでも飛び出せる姿勢で待つ。バタバタッと羽音が響いた。いた、いた、マガモだ！

おのれ変な見学者さえいなければ……
ギリギリ
まあまあ

石坂さんの手がサッと動き、オオタカが一直線に獲物に向かう。

空中に浮くと同時に全速で逃げるマガモ。20メートルほどあった距離が一気に詰まる。追いつけるかと思ったそのとき、飛行体制を整えたマガモがもう一段加速し、オオタカの爪をきわどくかわして飛び去った。

瞬時の出来事だったが、命をかけた攻防は迫力満点。あと0・5秒早く追い始めることができていたら、結果は逆だったはずだ。

「一瞬、発見が遅れました。緊張が解けてないみたいですね」

緊張の源はぼくである。いまひとつ集中しきれていなかったオオタカは、マガモが飛び立ったのを見てから襲いかかることになったため、逃げ切られてしまったのだ。ぼくの目にも、オオタカがすっと力を抜き、速度を緩《ゆる》めたのがよくわかった。

「ストレスを与えすぎてはいけないから今日はここまでにしましょう。猟は明日もできるし、鴨もいるからきっと獲れると思います」

仕留めるシーンを目撃することができなくても、ぼくとしては鷹狩を見学できただけで十分。鷹が狩り嫌いになっては元も子もない。

石坂さんの言葉に嘘はなかった。翌日から連続で鴨を仕留め、あっという間に目標の10

羽を達成。「これにて今シーズンの狩りは終了です」のメッセージとともに、写真が送られてきた。爪でがっしり鴨を押さえ込み、どうだと言わんばかりのカメラ目線である。まわりにはオオタカがむしり取った羽が小山のようになっていた。獲物を捕らえて岸に下り、ほぼ即死した鴨の肉を食べているのだ。石坂さんが現場に行くまで1分かかったとしても仕事が早い。

嘴を血の色に染めつつ自慢げに石坂さんを見つめるオオタカは、きっとこう言いたかったに違いない。

「やったぜボス。今日はヘンな見学者がいなかったから狩りがしやすかった！」

7 やまのにく、売ってます！

『狩猟生活』のスーさんこと鈴木編集長から、地域性を感じさせるジビエ関連の店やビジネスを取材したいと提案され、大物猟の本場である長野県南部、飯田市の遠山郷にあり、全国にその名を知られるスズキヤ肉店はどうかと即答した。同店の看板商品である「遠山ジンギス」が我が家で人気だからではない。いや、それもある。オリジナルのタレがピリッとしてうまいのもある。でも、味ではないところで、ぼくは同店に注目していたのだ。

ひとつには豊富なラインナップだ。ジンギスカンと言ったら、普通はラム肉の焼肉料理を指すが、ここの商品はジンギスカンではなくジンギスと名乗り、〈ここ遠山郷ではジンギスすなわち味付肉のことです〉と言い張っているのである。ラム肉ひとつとっても、生ニンニク入り熟成醤油ダレを筆頭に、塩味、味噌味、カレー味まである。そして肉の種類は鶏肉、豚肉、牛肉、馬肉、ウズラ、イノシシ、鹿、熊まで9種揃《そろ》い、味付肉ではないキジ、ヤギ、ウサギも含めた「遠山郷の十二支セット」なるパンチの効いた商品まで販売。つまり、ここは味付焼肉を製造販売する店であるとともに、〝やまのにく〟を独自加工して精力的に商品化している店なのである。ここまで多くのジビエ肉を大規模に取り扱っているのは、全国的にも多くないだろう。

もうひとつは、同店の2代目、〝若旦那〟こと鈴木理さんが毎月のように発行する「お便り」だ。ぼくがよく行く店に、手紙の手書きコピー版が置かれていて、すこぶる味わい深いのである。2018年1月の「お便り」はこんな文章で始まる。

〈信州・長野県では「お年取り」といって、お節料理やご馳走を大晦日《みそか》に食べます。わが家では毎年、焼いたキジ肉を熱燗《あつかん》に入れるキジ酒を飲みます〉

その後、遠山郷は山の中で人が少ないので、ウチの店では30年前から通信販売を、18年前からネットショップをやっていると続き、サイトをリニューアルオープンしたという話題を挟んで以下のように締めくくられている。

〈…こういうことを書くと、私がネットやデジタルに強いと思う方もいると思いますが、オラの強みはアナログと昭和なので、ケイタイは不携帯です。インスタグラムやインスタ映えと聞きますが、オラにとってインスタは、インスタントラーメンとかインスタントカメラですに〉

折に触れて「お便り」を読んでいたので、若旦那に一度あってみたいという気持ちが募っていた。

松本から約100キロ、静岡県との境までクルマで20分。長野県の南端に位置する遠山郷和田宿は、秋葉街道の宿場町として昔から栄えてきた。いまでこそ過疎化に頭を悩ませているものの、歴史と伝統に支えられた風情ある町並みが残っている。スズキヤ肉店はその中心部にあった。昭和32年創業、２０１８年で61年目を迎えた〝野のものを扱う肉屋〟だ。

「雰囲気のあるところですね。山に囲まれ、大物猟の本場にふさわしい」

クルマを降りて伸びをしながらスーさんが目を輝かせる。いまでこそ県の北部でも大物猟が主流になっているが、ほんの20年ほど前までは、長野市在住の師匠もわざわざ南信まで遠征して鹿やイノシシを撃ったものだとよく聞かされる。なかでも県の最南端の山中に位置する遠山郷は本場中の本場。観光客なら静かで風情があると言うかもしれないが、狩猟目線で景色を見ると、鹿やイノシシが山の中にひしめきあっているような気がして、ついニヤニヤしてしまうのだ。

店まで行くと、すぐに2代目が出てきてくれた。ぼくたちが知りたいのは、年間を通じてジビエ肉を提供するシステムと、この地で営業することの意味合いだ。牧場を持っているわけではなさそうだから、ラム肉などはどこからか仕入れるのだろうが、鹿やイノシシ、熊などはおそらく自前である。そんなに獲れますかね、ここで。

「遠山郷はかつて山の木で年貢を払っていました。山の産物で塩を買い、物を買って暮らしてきた。もちろん古くから狩猟も行っていました。そういう土地柄ですから猟師がプロなんです。味には自信を持っていますが、その理由は専属猟師がいて、彼らが売り物になる肉を持ってきてくれるからだと思っています」

猟師たちは長い年月のうちに組織化され、それぞれの持ち場で猟をするのだという。いまは26エリアに分かれ、それぞれに親方がいて、スタッフを抱える体制ができている。年間を通じて狩猟をするので、質だけでなく量も豊富なのだそうだ。ぼくみたいな趣味の猟ではなく、ここの人たちは昔から、生活のための猟をしてきた。

スズキヤではこのシステムで肉を調達し、自社工場で解体と加工を行って販売する。どの山で誰が獲ったどんな肉なのか、すべて把握できているというからすごい。

質を保つための管理も徹底している。

「畑のある地域では獲りません。山が育んだ栄養をたっぷり摂取したものだけを販売したいからです」

野生の肉には個体差があり、品質が一定しないことが悩みの種になっている。家畜ではないのだから、年令によって、季節によって、肉質が異なるのは当たり前なのだが、均一化された肉に慣れた消費者にはわかってもらいにくい。慣れた人も、ジビエはそういうものだと思っている。だから、と2代目は膝を乗り出した。

「遠山郷ブランドの肉は違う、1年中おいしく食べられる。そういう評価をいただけるように努力してきたわけです」

遠山郷を元気にしたい

スズキヤの肉の多くは特製のタレに漬け込まれ、焼肉によく合う。もともとは煮込んで食べる文化だったのだが、朝鮮半島からの労働者に焼いて食べる方法を教わり、広まったという。

「まあ、何はともあれ食べてみてください」

店の横にある事務所には肉を焼くコンロと網が常備されている。客人が来たときは、食べながら話すのが常だそうだ。

さっそく焼いてみた。

「お、うまいですね」

スーさんの箸が止まらない。ここでは焼肉をするとき、ビールではなく、もっぱら地酒の「喜久水」を飲むと聞いて不思議に思ったが、タレがさっぱりしていて日本酒に合うというのも納得できた。

地元以外では松本エリアや静岡県の業者に卸してきた商売を、足を使っての営業努力で

鬼だぞ――。
鬼の角って
ほんては牛かねえ。
まあトナカイや
カブトムシじゃ
ありませんね。
tomokichi

徐々に広げ、２００８年に新工場を作った。通販での個人注文に手応えを感じ、さらなる需要に対応するためだったが、じつはもうひとつの目的があったという。遠山郷に根ざしてきた肉屋として、人口流出が目立つ地元に雇用先を増やすことだ。

ビジネスのことだけ考えたら、飯田市に拠点を移して遠山郷の肉を買い入れる方法が効率的かもしれない。でも、それはしたくないのだ。

「店も同じことです。遠山郷のスズキヤとして売り出そうと思ったんですね。ところが新工場が完成したと同時にリーマンショックがきちゃって」

取引先が減り、経営がピンチに追い込まれたという。

「イベント出店や新規営業もしたし、サイトを何度も作り変えたりしたものです。メールマガジンの発行、取引先や個人注文客に毎月お便りを書くこともその頃から始めました。なんとか乗り切ったけどキツかったね、ははは」

苦労はやがて報われる。通販での注文が伸びてきたのだ。宣伝費をかけたわけでもないのになぜ？　いまだ理由はわからないそうだが、結局は味だろう。食べておいしいと思った人が誰かに感想を伝え、口コミで広がっていったのだ。

アイデア豊富な鈴木さんは、イベントで自ら被り物をしたり、シシにちなんで4月4日を猪肉の日にすべく記念日協会に登録したり、気を緩《ゆる》めることなく〝遠山郷のスズキヤ〟

の売り出しに懸命だ。

「ずっと若旦那と呼ばれていますボクも50代後半だもんで、そろそろ卒業したいんだけど…」

有限会社肉の鈴木屋は現在25名。すべて地元の人で構成されている。この数をさらに多くしたい。遠山郷を元気にして、風光明媚《めいび》な自慢の町を訪れる人を増やしたい。そのためにできることは何でもやるのだ。

「ちょっと待ってて、デザート持ってくるから」

運ばれてきたのは追加の肉。と、そこへ園児たちがやってきた。子どもたちは町の宝物。今日は節分の日。さて、どうするか。

「あ、これがいいかな」

すかさず鹿の角をかぶり、鬼に変身して相手をする鈴木さん。やっぱりこの人は、貫禄たっぷりの社長より、若旦那でいるのが似合うと思う。

8 新名物「松本ピロシキ」を作りたい

２０１２年の夏に松本へ移住して、早いもので６年になる。いいときも悪いときも、月日はポーカーフェイスで流れ、小学生だった娘は中学生になり、ぼくはこの冬に還暦を迎えた。焦る気持ちはないけれど、もはやいい歳なので、ますますやりたいことをやっていかねばと気持ちを新たにしている。

で、唐突だけどピロシキだ。ロシア料理の、カレーパンの親戚みたいなピロシキを、なぜか急に「いいね」と思ってしまった。２０１６年の暮れ、深夜に部屋で仕事をしていると、なぜか頭の中で呪文のようにこの食べ物の名が繰り返されたのだ。

ピロシキ、ピロシキ、ピロシキ…。

やがて頭の中では収まりきれなくなって、口に出してみたら笑いがこみ上げてきた。朝起きても呪文は消えていなかった。だが、ぼくはピロシキが好きどころか、もう何年も食べてさえいないのだ。これはヘンである。夢を見たのならいざしらず、そんな食べ物を理由もなく思いつくとは考えにくい。

きっと意味があるに違いない。うーん、何だろう。

そういえば半月ほど前、師匠と猟に出たとき食べたおやきが、じつにうまくてびっくりしたのだ。おやきは野菜を小麦粉で包んで焼いた長野県の名物だが、それまではおいしいと思ったことがなかった。あのときの驚きが伏線なのではないか。

〈おやき、ピロシキ〉で検索すると、誰かがピロシキのことを、おやきに似ていると書いている。つまりそういうことだ。たぶんぼくは、おやきを食べたとき、この食感には覚えがあると感じたのだろう。そのときはそれで終わったのだが、心の隅に引っかかっていた疑問の答えがピロシキなのかもしれない。

でも、おやきからの連想で出てきただけなのだろうか。ぼくは食にこだわる方ではないし、普段の思考パターンからはズレている気がする。あれ、もしかするとこれは…、ム。

5分後、ぼくはキッチンにいたツマに熱っぽく話しかけていた。

「いいアイデアが浮かんだ。まさかのピロシキだ！」

「は？　なんだか興奮してるみたいだけど大丈夫？」

たまたま移住先として選んだ松本のことを、ぼくはとても気に入っているが、ちょっと不満なところもある。松本ならではの名物が足りない気がするのだ。そばも味噌もおいしいけれど、それらは信州名物であって、松本オリジナルのものではない。有名なのはチキンを香ばしく揚げた山賊焼きくらいではないだろうか。ぼく自身、県外から友人が遊びに来るたびに「松本名物ってないの？」と言われ、困ることがたびたびあった。

「だからこの際、おやきの伝統を活かしたピロシキを作ればいいと思う。名前は松本ピロシキにしたい。これはいいと思うんだよ」

ノリノリで話しながら、ツマは冷静なタイプだから一笑に付されるものと覚悟していた。おやきとピロシキの関連がわかりにくい、松本市と姉妹・友好提携しているのはグリンデルワルト（スイス）、ソルトレイクシティ（アメリカ）、カトマンズ（ネパール）、廊坊《ろうぼう》市（中国）であってロシアの都市ではない、ピロシキ自体そんなに人気がない、などツッコミどころ満載だからだ。ところが意外にも好反応。名物になるかどうかはともかく、ピロシキ作りを研究しようと言い出したのである。

「レシピは調べられるとして、独自のアイデアがないと名物にはならないんじゃない。おやき風というだけでは松本らしさも伝わりにくい。そうなると具材だよね。地場の食材にこだわるとかは？」

それだ。松本一本ネギ、くるみ、りんご、隣の山形村名産の長芋も合うかもしれない。

「小麦粉は地粉でね。わが家でいろいろ試してみようよ」

ロシア料理の本を買い、レシピ通りに作ってみる。ピロシキはロシアの家庭料理で、昨夜の残り物を使って作る惣菜パンみたいなもの。具材に決まりはないらしい。日本ではひき肉と春雨がよく使われるけれど、どうやらあれは日本風。ロシアでは揚げるより焼いて食べるのが一般的であることもわかった。ただ、不器用なぼくが見よう見まねで作るピロシキはいかにも格好が悪い。ツマのは形になっているけれど、発酵時間が不足気味なのか、皮の部分が餅のようだ。見かけはともかく味はマアマア、などと慰め合うが、自信を持っておいしいと言えないようでは新名物の開発などできっこない。

かくなる上は習うまで。運良くピロシキに興味を持ってくれる雑誌があったので、取材を兼ねて料理研究家に教えを請い、東京のロシア料理店を食べ歩き、ようやくピロシキらしい味と形の基本だけはマスターできた。

つぎに行ったのは試食会。2種類の具材で焼き、揚げの両方作って友人たちに食べてもらい、好評を得ることができた。調子に乗ったぼくは、ロシア出身の英語教師にもアタック。ネギ味噌ピロシキには顔をしかめたが、りんごとくるみ、レーズンの焼きピロシキには、「日本に来て初めて、まともなピロシキを食べた。今晩、お母さんに電話で報告するワ」と合格点が与えられた。

「ロシアの人からホメられるなんて光栄だよね。問題はここから先。あなた、キッチンカーを買ってイベント出店するなんて言ってるけど本気なの？」

ぼくはすっかり浮かれて、ピロシキ作りを副業にしようと口にしたりしていたのである。

が、ツマから指摘されるまでもなく、それは現実的ではない。素人が思いつきでやれるほど商売は甘くないだろうし、調理師の資格も必要になってくる。

「私もそう思う。作るのも売るのも大変なこと。それに、そもそもあなたはピロシキ屋になりたいわけじゃないでしょ?」

そうだった。ぼくはただ、新名物としてピロシキを提案したいだけなのだ。そのためにピロシキ研究をしたのに、いつの間にか、自分で販売して普及させようなんて分不相応な考えに陥ってしまっていた。

「あはは、お父さんは相変わらずおっちょこちょいだねぇ」

あ〜あ、娘からもダメ出しを受けてしまったよ。

プロジェクトP、よたよたと始動

やるべきは、松本ピロシキを製造・販売してくれるところを探すことである。だがその前に、確かめておきたいことがある。試食で好評を得ることと買っていただくことは別の話。松本ピロシキが商品として通用するか否かは、売ってみて初めてわかることだ。

そんな折、絶好の話を頂いた。秋に開催される古書イベント『まつもと一箱古本市』の

大ピロシキをひろげてみました。
松本新名物
ドーン!!
お父さんにたためるのかな?

主催者から、食べ物ブースが足りないからピロシキを販売しないかと誘われたのだ。調理の資格を持つ主催者の店舗で作り、我が家はその手伝いと販売を担当すればいいという。

ふたつ返事で引き受けた。経験不足だ、素人だと二の足踏んでいる場合じゃない。やれば結果が出る。好評なのか、不評なのかも売上高でわかる。

レシピの完成に向けて、自宅トレーニングが加速する。ネギ味噌に長芋の角切りを加えて食感を工夫したおやき風と、煮りんごとレーズンのデザート風の2種類はすぐに決定したが、もう少し食べごたえがあるピロシキが欲しい…。そうだ、鹿肉を使いジビエ風にするのはどうだろう。松本では鹿のミンチを扱うスーパーがあるのだ。

イベント当日は一家総出で販売にあたった。そうしたら、女性客の反応が良いばかりでなく、1個300円で販売した（他は200円）鹿ピロシキが売り切れたではないか。ぼくは狩猟者でもあるし、地元で獲れたジビエ肉を使えば松本ピロシキを名乗ってもおかしくないのでは。

とはいえ、どこの誰に話を持っていけばいいのかあてはない。

何もできずに時間が流れる。しょせん、ここまでなのか。あれほど粉まみれだった我が家のキッチンも、冬が近づく頃にはきれいに片付けられ、我が家の新名物開発ブームは終わったかに思われた。

しかし､天はピロシキを見捨てなかった。シーズン後半に知り合ったフランス料理店『レストロリン』の小林シェフが興味を持ってくれたのだ。フランス料理ではないからメインメニューにはなり得ないが、ジビエ好きな客のためにパンの代わりに鹿ピロシキを提供してみたいという。

「2018年の4月末に、より人通りの多い場所へ移転するんですが、お祭りなんかでテントを出して何か売るような機会も増えそうなんですよ。ピロシキなら食べやすくていいし、松本ピロシキという名称が使えるならやってみたい」

小林シェフの協力を得て最初の一歩を踏み出すことができたら、べつの店にもアイデアを持ち込み、鹿ピロシキをメニューに加えてもらい、松本ピロシキとして販売してもらう。ぼくにできるのは、そういう役割ではないだろうか。

「出たね、一銭も儲からないプロジェクト」

ツマは笑うが、目的は松本新名物作り。うまくいくかどうかは別として、ごく個人的なアイデアが、試行錯誤を経て、だんだん話が広がっていく。その流れをおもしろく感じることができるなら、それが最高だ。

狩猟も野菜づくりもそうだけど、おもしろいことを絶やさずやっていくことが自分の人生をちょっと豊かにしてくれる。ぼくはそんなふうに考えている。

あとがき

本書にもジビエイベントの話が出てくるように、狩猟について話をする機会をときどきいただくことがある。失敗談だけは豊富にあるので引き受けたりするのだが、それればかりでは脳がない。といって先輩猟師の武勇談を紹介しても、語り手がぼくではリアリティ不足もはなはだしい。誰か気の合う〝相方〟が欲しい。

ということで、白羽の矢を立てたのが小堀ダイスケさんである。マニアックとも言える道具へのこだわりと、年がら年じゅう猟に出ている経験の豊富さ。そして、なんといっても狩猟ライターであるところがいい。狩猟歴や腕前は違えど、ぼくたちには猟について原稿を書き、読者に伝えるという共通項がある。この原稿、どう書いたら最後まで読んでくれるだろうと考える習慣は、喋っているときでも出るものだ。

ぼくの話を聞いて「失敗ばかりしてるようだけど、なんか楽しそうだ」と思ってくれた人に、猟場では何を考えどう動き、獲物を仕留める（ここ大事）のか、小堀さんが具体的かつ専門的に畳み掛けると、聴いている人の表情が「ほぅ」と変わるのである。ぼくはこれをトークイベントにおけるコンビ撃ちと呼んでいる。

２０１８年５月、栃木市で行われたトークイベントでも、そんな調子で喋りまくり、近くの店で軽く打ち上げしようということになった。そうしたら、小堀さんがこんな事を言いだしたのだ。

「長野に遠征して一緒に猟をしたとき、北尾さんの銃を見て思ったんです。あのスコープではなかなか当たらないだろうって」

え？　どういうことなんだ。

「言っちゃ悪いけど、いいモノじゃない。レンズが暗いと思います。明け方や曇った日、見えにくくないですか」

もちろん見えにくいけど、それは仕方のないことなのでは。

「いやいや、ぼくのははっきり見えます。理屈は省きますが、レンズが暗いと見えにくいしピントも合いにくい。時間がかかり、正確性も欠く。スコープは高いものだと十万円以上しますが、安物との違いってカメラと同じ。デザインや装飾ではなく圧倒的にレンズなんですよ」

そうなのか。シーズン前のスコープ合わせで射撃場に行ったときやほかの空気銃所持者と出猟したとき、自分よりはるかに素早く照準を合わせるのを見て、いつも打ちひしがれていたのだ。

「技術の差もあるでしょう」

はっきり言うね。

「でも、おもにスコープだと思いますね」

他の人のスコープは覗《のぞ》いたことがないが、たとえば小堀さんのスコープだと…。

「びっくりするほど明るく感じると思いますよ。北尾さんのって、中古の空気銃を買ったとき、銃砲店がつけてくれたものですよね。何か言われませんでした？」

余ってるのがあるからオマケにつけてあげるよと言われたかな。とりあえずこれでやって、物足りなくなったら換えればいいよと。

「はっきり言って今のままでは…。親切でつけてくれたわけですけど悪いことはいいません。スコープを買いましょう。間違いなく的中率が上がりますから。なんだったら銃砲店に行くの付き合ってもいいですよ」

イベントで話したことがすっ飛ぶくらいの衝撃だった。スコープが合いづらくて苦労しているのに、ぼくにはそれを換えるという発想がなかったのだ。しかし、道具にうるさい小堀さんがここまで言うからには根拠があると思ったほうがいい。

新しいスコープをつけ、颯爽《さっそう》と猟に出るイメージが湧いてきた。銃を構えてスコープを覗くと、鴨の姿がクリアに捉えられ、瞬時に中心に収まる。これまで30秒かけて行っていたことが10秒でできるようになるとどうなるか。標的に悟られる可能性が低くなり、手ブレなど銃を長く構えることによる弊害が激減し、小堀さんが言うように的中率も上がるのではないか。

「買う。銃砲店付き合ってください！」

思わず叫んでしまっていた。まあ、ツマと娘に話したら、「スコープっていくら？5千円くらいかな」（娘）、「そんなことないよ、2～3万円するでしょう」（ツマ）という反応で、5万円の予算で考えているとは切り出せなかったのだが。2018～2019シーズンもさしたる猟果が示せなかったら、絶対言われるに違いない。

「やっぱり腕だったねぇ」

…スコープを換えたら、すぐに類付けの自主トレを始めよう。


本書は先輩猟師たちをはじめとする多くの方々の協力でできあがりました。なかでも信濃毎日新聞連載時に担当していただいた長門均氏、本書にも登場する『狩猟生活』の鈴木幸成編集長、お世話になりました。前2作同様、単行本制作チームは日高トモキチ氏（イラスト）、山崎紀子氏（編集）、酒井隆志氏（デザイン）。ぼくの活動を生暖かい目で見てくれている家族にも感謝しつつペンを置きます。

2018年 盛夏の松本にて

北尾トロ

北尾トロ Kitao Toro

1958年福岡県生まれ。

ライター。2010年にノンフィクション専門誌『季刊レポ』を創刊、2015年まで編集人をつとめる。

主な著書に『裁判長！ここは懲役４年でどうすか』『いきどまり鉄道の旅』『全力でスローボールを投げる』『欠歯生活 歯医者嫌いのインプラント放浪記』など多数。

2014年に本書の第１弾『猟師になりたい！』。15年に第２弾『山の近くで愉快にくらす—猟師になりたい！２』を信濃毎日新聞社から発行。

長野県松本市在住。

日高トモキチ Hidaka Tomokichi

1965年宮崎県生まれ。
マンガ家、イラストレーター、ライター。京都精華大学マンガ学部講師。
主な著書に『水族館で働くことになりました』『トーキョー博物誌—東京動物観察帳（全２巻）』『里山奇談　めぐりゆく物語』ほか。

初出
第１章　書き下ろし
第２章　１～７、９～12
　　信濃毎日新聞くらし面
　　「ぼくの狩猟ダイアリー 2017 ～ 2018」
　８『狩猟生活』vol.3
第３章　１、２『狩猟生活』vol.1
　３、４　書き下ろし
　５『狩猟生活』vol.2
　６『狩猟生活』vol.1
　７『狩猟生活』vol.3
　８　書き下ろし

★いずれの原稿も大幅に加筆・改稿しています。

北尾トロ　猟師シリーズ　好評発売中　いずれも定価　本体1500円＋税

猟師になりたい！

2014年発行

「猟師になろうと思う」

家族への突然の猟師宣言から１年ー

右も左もわからないまま走り回った「しんまい猟師」の山里フント一記

ぼくがこの本で書きたかったのは、振り返ればなんてことないような、猟師１年目の出来事だ。狩猟免許や猟銃等所持許可を取得するまでの戸惑い、知識のなさ故の効率の悪さ、本人だけが手に汗握っている実技試験、初めて持つ銃の重さ、家族の反応、どうしたら出猟できるのかわからず途方に暮れる感じ、先輩猟師と自分との違い、獲物の探し方、ジビエ料理、山や川を見る目の変化……。それらを、新米猟師として体験レポートしたかった。

猟師になりたい！２

山の近くで愉快にくらす

2015年発行

猟師になったらおもしろいことが一気に増えた

自然が近い　野生が近い　人と人が近い

そして、また猟期《ふゆ》がやってくる——

早朝から猟に出て鳥を追う。

獲れるかどうかは運と腕次第だが、ひとつだけ言えるのは、趣味で狩猟を楽しむ猟師には元を取ろうという発想がないことだ。元ってなんだ？

楽しむということならとっくに元は取れている。１羽も獲れなくてもこれほどおもしろいってどういうことなんだ。さらに、自分でもよくわからない内面の変化が起きているようなのだ。猟をしながら出会った人たちが、眠っていた何かを目覚めさせてくれたのだと思う。

装画・イラスト　日高トモキチ

ブックデザイン　酒井隆志

編集　山崎紀子

晴れた日は鴨を撃ちに　猟師になりたい！3

2018年8月15日　初版発行

著　者　北尾　トロ

発　行　信濃毎日新聞社
〒380-8546　長野市南県町657
TEL 026-236-3377　FAX 026-236-3096
https://shop.shinmai.co.jp/books/

印刷所　富士印刷株式会社

ISBN978-4-7840-7335-1 C0095

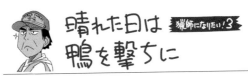